SOCIAL-MEDIA-MARKETING
für Reiseagenturen

Mehr Kunden gewinnen

Sebastian Römischer

INHALT

INHALT	**2**
EINFÜHRUNG	**11**
Definition von Social-Media-Marketing	12
ZUSAMMENFASSUNG	13
Warum Social-Media-Marketing für Reiseagenturen wichtig ist	14
ZUSAMMENFASSUNG	15
Zielgruppe und Ziele des Buches	16
ZUSAMMENFASSUNG	17
DIGITAL MARKETING	**18**
Definition und Bedeutung von Digital Marketing	18
ZUSAMMENFASSUNG	20
Die verschiedenen Kanäle des Digital Marketings	21
SUCHMASCHINENOPTIMIERUNG (SEO)	21
SOCIAL-MEDIA-MARKETING	21
E-MAIL-MARKETING	22
CONTENT-MARKETING	22
AFFILIATE-MARKETING	23
Online-PR	23
CONVERSION-OPTIMIERUNG	23
MOBILE-MARKETING	24

VIDEO-MARKETING	24
WEBANALYSE	24
ZUSAMMENFASSUNG	25
Strategien für erfolgreiches Digital Marketing	25
ZUSAMMENFASSUNG	27
Suchmaschinenoptimierung (SEO)	**28**
Grundlagen von SEO	28
ZUSAMMENFASSUNG	29
On-Page-Optimierung	30
1. Die Wahl der richtigen Keywords	30
2. Optimierung der Meta-Tags	31
3. Strukturierung der Inhalte	31
4. Optimierung der Bilder	31
5. Schnelle Ladezeiten	32
ZUSAMMENFASSUNG	32
Off-Page-Optimierung	32
ZUSAMMENFASSUNG	34
Lokale SEO für Reiseagenturen	34
1. Google My Business	35
2. NAP-Konsistenz	35
3. Lokale Keywords	35
4. Backlinks	36
5. Bewertungen	36
6. Social-Media	36
ZUSAMMENFASSUNG	37

Social-Media-Marketing **37**

Die wichtigsten sozialen Netzwerke für Reiseagenturen 37

    1. Facebook 38

    2. Instagram 38

    3. YouTube 38

    4. Twitter 39

    5. Pinterest 39

    ZUSAMMENFASSUNG 39

Wie man eine Social-Media-Strategie entwickelt 40

    1. Zielsetzung: Definieren Sie Ihre Ziele 40

    2. Zielgruppenanalyse: Kennen Sie Ihre Zielgruppe 40

    3. Inhaltserstellung: Erstellen Sie ansprechende Inhalte 41

    4. Social-Media-Kanäle: Wählen Sie die richtigen Kanäle aus 41

    5. Zielgruppen Interaktion: Interagieren Sie mit Ihrer Zielgruppe 42

    6. Analyse und Verbesserung: Überprüfen Sie Ihre Strategie regelmäßig 42

    ZUSAMMENFASSUNG 43

Praktische Tipps für erfolgreiches Social-Media-Marketing 43

    1. Zielgruppenanalyse 43

    2. Content-Strategie 44

    3. Interaktion 44

    4. Emotionen 45

    5. Analyse 45

    ZUSAMMENFASSUNG 45

E-Mail-Marketing   **46**

Warum E-Mail-Marketing für Reiseagenturen wichtig ist   46

     ZUSAMMENFASSUNG   47

Wie man eine E-Mail-Marketing-Kampagne plant und durchführt   48

     1. Ziele definieren   48

     2. Zielgruppe identifizieren   48

     3. E-Mail-Liste aufbauen   49

     4. Inhalte planen   49

     5. Automatisierung nutzen   49

     6. Erfolg messen   50

     ZUSAMMENFASSUNG   50

Best Practices für erfolgreiches E-Mail-Marketing   50

     1. Legen Sie klare Ziele fest   51

     2. Bauen Sie eine Liste auf   51

     3. Personalisieren Sie Ihre E-Mails   52

     4. Schreiben Sie ansprechende Betreffzeilen   52

     5. Verwenden Sie eine klare Call-to-Action   52

     6. Testen und optimieren Sie Ihre E-Mails   53

     ZUSAMMENFASSUNG   53

Content-Marketing   **53**

Was ist Content-Marketing?   53

     ZUSAMMENFASSUNG   55

Wie man eine Content-Marketing-Strategie für Reiseagenturen entwickelt   55

1. Zielgruppenanalyse	56
2. Content-Planung	56
3. Suchmaschinenoptimierung (SEO)	56
4. Social-Media-Marketing	57
5. E-Mail-Marketing	57
6. Affiliate-Marketing	57
7. Conversion-Optimierung	58
8. Mobile-Marketing	58
9. Video-Marketing	58
10. Webanalyse	59
ZUSAMMENFASSUNG	59
Praktische Tipps für erfolgreiches Content-Marketing	60
1. Zielgruppenanalyse	60
2. Content-Planung	60
3. Storytelling	61
4. SEO-Optimierung	61
5. Social-Media	61
6. E-Mail-Marketing	62
7. Analyse	62
ZUSAMMENFASSUNG	63
Affiliate-Marketing	**63**
Definition und Bedeutung von Affiliate-Marketing	63
ZUSAMMENFASSUNG	64
Wie man ein Affiliate-Marketing-Programm für Reiseagenturen aufsetzt	65

ZUSAMMENFASSUNG   66
Best Practices für erfolgreiches Affiliate-Marketing   66
   1. Wählen Sie das richtige Affiliate-Programm aus   67
   2. Verwenden Sie die richtigen Affiliate-Tools   67
   3. Erstellen Sie ansprechende Inhalte   67
   4. Nutzen Sie Social-Media   68
   5. Optimieren Sie Ihre Website   68
   6. Seien Sie transparent   68
   ZUSAMMENFASSUNG   69

Online-PR   **69**
Warum Online-PR für Reiseagenturen wichtig ist   69
   ZUSAMMENFASSUNG   71
Wie man eine Online-PR-Strategie entwickelt   71
   1. Zielgruppenanalyse   72
   2. Ziele definieren   72
   3. Themen finden   72
   4. Kanäle auswählen   73
   5. Inhalte erstellen   73
   6. Redaktionsplan erstellen   73
   7. Erfolgsmessung   73
   ZUSAMMENFASSUNG   74
Praktische Tipps für erfolgreiche Online-PR   74
   1. Zielgruppe definieren   74
   2. Inhalte erstellen   75
   3. Social-Media nutzen   75

4. Pressemitteilungen verfassen 75

5. Influencer Marketing 76

6. Monitoring und Analyse 76

ZUSAMMENFASSUNG 76

Conversion-Optimierung **77**

Was ist Conversion-Optimierung? 77

ZUSAMMENFASSUNG 78

Wie man die Conversion-Rate einer Reiseagentur-Website
erhöht 79

1. Optimieren Sie Ihre Website für Suchmaschinen 79

2. Verbessern Sie die Benutzerfreundlichkeit Ihrer Website
80

3. Nutzen Sie Social-Media-Marketing 80

4. Nutzen Sie E-Mail-Marketing 80

5. Verwenden Sie Conversion-Optimierungstechniken 81

ZUSAMMENFASSUNG 81

Best Practices für erfolgreiche Conversion-Optimierung 82

1. Testen Sie Ihre Website 82

2. Nutzen Sie ansprechende Bilder 82

3. Vereinfachen Sie Ihre Formulare 83

4. Nutzen Sie Social Proof 83

5. Verwenden Sie klare Call-to-Actions 83

6. Verbessern Sie Ihre Ladezeiten 84

7. Nutzen Sie Testimonials 84

8. Achten Sie auf die mobile Optimierung 84

ZUSAMMENFASSUNG	85
Mobile-Marketing	**85**
Warum Mobile-Marketing für Reiseagenturen wichtig ist	85
ZUSAMMENFASSUNG	87
Die verschiedenen Kanäle des Mobile-Marketings	87
ZUSAMMENFASSUNG	89
Praktische Tipps für erfolgreiches Mobile-Marketing	89
1. Optimieren Sie Ihre Website für mobile Geräte	89
2. Nutzen Sie gezieltes Mobile Advertising	90
3. Erstellen Sie mobile Apps	90
4. Verwenden Sie SMS-Marketing	91
5. Nutzen Sie Location-Based Services	91
ZUSAMMENFASSUNG	91
Video-Marketing	**92**
Warum Video-Marketing für Reiseagenturen wichtig ist	92
1. Videos sind ansprechender als Texte	92
2. Videos können Vertrauen aufbauen	93
3. Videos können helfen, Kunden zu überzeugen	93
4. Videos können auf verschiedenen Plattformen geteilt werden	94
5. Videos können helfen, Kunden zu binden	94
ZUSAMMENFASSUNG	94
Wie man eine Video-Marketing-Strategie entwickelt	95
1. Definieren Sie Ihre Ziele	95
2. Bestimmen Sie Ihre Zielgruppe	96

3. Entwickeln Sie Ihre Botschaften   96
4. Wählen Sie die richtigen Plattformen   96
5. Erstellen Sie einen Inhaltsplan   97
6. Produzieren Sie hochwertige Videos   97
7. Analysieren und optimieren Sie Ihre Videos   97
ZUSAMMENFASSUNG   98
Praktische Tipps für erfolgreiches Video-Marketing   98
1. Planen Sie Ihre Videos sorgfältig   99
2. Seien Sie authentisch   99
3. Achten Sie auf die Qualität   99
4. Nutzen Sie Social-Media   100
5. Verwenden Sie Call-to-Actions   100
6. Testen Sie verschiedene Formate   100
7. Analysieren Sie Ihre Ergebnisse   101
ZUSAMMENFASSUNG   101
Webanalyse   **101**
Warum Webanalyse für Reiseagenturen wichtig ist   101
ZUSAMMENFASSUNG   103
Die wichtigsten Kennzahlen für die Webanalyse   103
1. Besucherzahl   103
2. Seitenaufrufe   104
3. Absprungrate   104
4. Verweildauer   104
5. Conversion-Rate   105
ZUSAMMENFASSUNG   105

Wie man die Webanalyse für die Optimierung von
Marketing-Maßnahmen nutzt   105
   ZUSAMMENFASSUNG   107
FAZIT   **108**
WIR SIND ALLE DURCH
DIE LIEBE ZUM ERFOLG VERBUNDEN!   **110**
Anhang   111
  Glossar   111
    1. Digital Marketing   111
    2. Suchmaschinenoptimierung (SEO)   111
    3. Social-Media-Marketing   112
    4. E-Mail-Marketing   112
    5. Content-Marketing   112
    6. Affiliate-Marketing   112
    7. Online-PR   113
    8. Conversion-Optimierung   113
    9. Mobile-Marketing   113
    10. Video-Marketing   113
    11. Webanalyse   114
  Quellenverzeichnis   115
   Online-Ressourcen   115
   Studien   116
   Expertenmeinungen   116
   Fachbücher   117

EINFÜHRUNG

Definition von Social-Media-Marketing

Social-Media-Marketing ist eine spezifische Form des digitalen Marketings, bei der Unternehmen soziale Netzwerke, Plattformen und Communities nutzen, um ihre Markenbekanntheit zu steigern, Kunden zu gewinnen und Kundenbeziehungen zu pflegen. Es geht darum, mit potenziellen Kunden in Kontakt zu treten und sie zu überzeugen, dass das Unternehmen die beste Wahl für ihre Bedürfnisse ist.

Social-Media-Marketing umfasst verschiedene Marketingaktivitäten, wie das Erstellen und Veröffentlichen von Inhalten auf sozialen Plattformen wie Facebook, Twitter, LinkedIn und Instagram oder die Durchführung von bezahlten Werbekampagnen auf diesen Plattformen. Es ermöglicht Unternehmen, ihre Zielgruppen besser zu verstehen, indem sie ihre Interessen, Bedürfnisse und Verhaltensweisen analysieren und darauf basierend gezielte Marketing-Strategien entwickeln.

Eine der größten Vorteile von Social-Media-Marketing ist die Möglichkeit, eine breite Zielgruppe zu erreichen. Soziale Netzwerke haben Millionen von Nutzern weltweit, was Unternehmen eine große Reichweite bietet. Darüber hinaus können Unternehmen durch Social-Media-Marketing auch eine persönlichere Beziehung zu ihren Kunden aufbauen, indem sie regelmäßig mit ihnen interagieren und auf ihre Fragen und Anliegen eingehen.

Ein weiterer wichtiger Aspekt von Social-Media-Marketing ist die Möglichkeit, Inhalte viral zu verbreiten. Wenn ein Unternehmen relevanten und ansprechenden Inhalt erstellt, der von den Nutzern geteilt wird, kann dies zu einem enormen Anstieg der Reichweite und des Engagements führen.

ZUSAMMENFASSUNG

Insgesamt bietet Social-Media-Marketing für Unternehmen eine Vielzahl von Möglichkeiten, ihre Markenbekanntheit zu steigern, Kunden zu gewinnen und Kundenbeziehungen zu pflegen. Durch die Nutzung der verschiedenen Plattformen und Marketingaktivitäten können Unternehmen ihre Zielgruppen besser verstehen und gezielte Marketing-Strategien entwickeln, um ihre Ziele zu erreichen.

Warum Social-Media-Marketing für Reiseagenturen wichtig ist

In der heutigen digitalen Welt ist Social-Media-Marketing unerlässlich, um eine breite Zielgruppe zu erreichen. Das gilt auch für Reiseagenturen, die ihre Dienstleistungen erfolgreich vermarkten möchten. Warum Social-Media-Marketing für Reiseagenturen wichtig ist, lässt sich anhand einiger Gründe erklären.

Zunächst einmal bietet Social-Media-Marketing eine hervorragende Möglichkeit, um direkt mit potenziellen Kunden zu kommunizieren und deren Interessen und Bedürfnisse besser zu verstehen. Durch die Verwendung von sozialen Netzwerken wie Facebook, Instagram oder Twitter können Reiseagenturen wertvolles Feedback von ihren Kunden erhalten und auf deren Fragen und Anliegen schneller und individueller reagieren.

Ein weiterer Vorteil von Social-Media-Marketing ist die Möglichkeit, gezielt Werbung zu schalten. Durch die Verwendung von Targeting-Tools können Reiseagenturen ihre Anzeigen genau auf die Zielgruppe abstimmen und somit effektiver werben. Das steigert nicht nur die Reichweite, sondern auch die Conversion-Rate.

Darüber hinaus bietet Social-Media-Marketing auch die Möglichkeit, Inhalte viral zu verbreiten. Durch das Teilen von

Sebastian Römischer

interessanten und ansprechenden Beiträgen können Fans und Follower der Reiseagentur diese Inhalte mit ihren eigenen Netzwerken teilen und somit die Reichweite der Agentur erhöhen. Das wiederum steigert die Bekanntheit und das Vertrauen in die Marke.

Neben diesen generellen Vorteilen bietet Social-Media-Marketing auch spezifische Vorteile für die Reisebranche. So können Reiseagenturen beispielsweise durch die Verwendung von visuellen Inhalten wie Fotos oder Videos die Vorfreude auf kommende Reisen steigern und potenzielle Kunden emotional ansprechen. Auch die Verwendung von User-Generated Content, also von Inhalten, die von Kunden erstellt wurden, kann dazu beitragen, das Vertrauen in die Marke zu stärken.

ZUSAMMENFASSUNG

Zusammenfassend lässt sich sagen, dass Social-Media-Marketing für Reiseagenturen ein unverzichtbares Instrument ist, um Kunden zu gewinnen und zu binden. Durch die direkte Kommunikation mit Kunden, gezielte Werbung, virale Verbreitung von Inhalten und die Verwendung von visuellen Inhalten können Reiseagenturen ihre Reichweite und ihr Vertrauen in die Marke steigern und somit langfristig erfolgreich sein.

Sebastian Römischer

Zielgruppe und Ziele des Buches

Die Zielgruppe dieses Buches sind Unternehmen aus verschiedenen Branchen wie Immobilienagenturen, Anwälte, Ärzte, Reiseagenturen, Bau- und Baugewerbe, Immobilienmakler, Reisen, Medizin, Eigentümer, Möbelherstellung, Möbelhersteller und Innenausstattung. Das Buch richtet sich an alle, die ihr Unternehmen auf digitalem Weg besser positionieren und mehr Kunden gewinnen möchten.

Die Ziele des Buches sind, den Lesern eine umfassende Einführung in das Thema Social-Media-Marketing zu geben und ihnen wertvolle Tipps und Tricks zu vermitteln, um ihre Online-Präsenz zu verbessern und ihre Zielgruppe zu erreichen. Dabei werden verschiedene Aspekte des digitalen Marketings betrachtet, wie Suchmaschinenoptimierung (SEO), Social-Media-Marketing, E-Mail-Marketing, Content-Marketing, Affiliate-Marketing, Online-PR, Conversion-Optimierung, Mobile-Marketing, Video-Marketing und Webanalyse.

Das Buch ist ideal für alle, die ihr Unternehmen auf digitalem Weg besser positionieren möchten. Ob Sie neu im Bereich des digitalen Marketings sind oder bereits Erfahrung haben, das Buch bietet Ihnen eine Fülle von Informationen, die Sie in Ihrem Marketingplan umsetzen können.

Social-Media-Marketing ist heute ein wichtiger Bestandteil des Marketings, da immer mehr Menschen online sind und soziale

Medien nutzen, um Informationen zu suchen und zu teilen. Das Buch gibt Ihnen eine Einführung in die verschiedenen sozialen Medien, die Sie nutzen können, um Ihre Zielgruppe zu erreichen, und zeigt Ihnen, wie Sie relevante Inhalte erstellen und teilen können, um Ihre Marke zu stärken und mehr Kunden zu gewinnen.

Das Buch gibt Ihnen auch eine Einführung in die verschiedenen Aspekte des digitalen Marketings, wie Suchmaschinenoptimierung (SEO), E-Mail-Marketing, Affiliate-Marketing, Online-PR, Conversion-Optimierung, Mobile-Marketing, Video-Marketing und Webanalyse. Es zeigt Ihnen, wie Sie diese verschiedenen Tools nutzen können, um Ihre Online-Präsenz zu verbessern und Ihre Zielgruppe zu erreichen.

ZUSAMMENFASSUNG

Insgesamt ist dieses Buch ein wertvolles Werkzeug für jedes Unternehmen, das sein Marketing auf digitalem Weg verbessern möchte. Es bietet eine umfassende Einführung in das Thema Social-Media-Marketing und gibt Ihnen wertvolle Tipps und Tricks, um Ihre Online-Präsenz zu verbessern und mehr Kunden zu gewinnen.

DIGITAL MARKETING

Definition und Bedeutung von Digital Marketing

Digital Marketing ist ein Begriff, der sich auf jegliche Werbe- und Marketingaktivitäten bezieht, die online durchgeführt werden. Hierzu zählen unter anderem Suchmaschinenoptimierung (SEO), Social-Media-Marketing, E-Mail-Marketing, Content-Marketing, Affiliate-Marketing, Online-PR, Conversion-Optimierung, Mobile-Marketing, Video-Marketing und Webanalyse.

In der heutigen digitalen Welt ist es für Unternehmen unerlässlich, eine effektive Online-Präsenz zu haben. Die meisten Kunden suchen heute online nach Produkten und Dienstleistungen, weshalb eine starke Online-Präsenz für Unternehmen von entscheidender Bedeutung ist. Durch Digital Marketing können Unternehmen ihre Online-Sichtbarkeit erhöhen und ihre Zielgruppe erreichen.

Suchmaschinenoptimierung (SEO) ist ein wichtiger Bestandteil von Digital Marketing. Durch die Optimierung der Website-Inhalte und der Verwendung von Keywords kann die Website auf den Suchmaschinen-Ergebnissen höher platziert werden. Dies erhöht die Wahrscheinlichkeit, dass potenzielle Kunden die Website besuchen.

Social-Media-Marketing für Reiseagenturen - **Mehr Kunden gewinnen**

Social-Media-Marketing ist ein weiterer wichtiger Bestandteil von Digital Marketing. Unternehmen können ihre Zielgruppe über soziale Medien wie Facebook, Instagram und Twitter erreichen. Durch die Verwendung von zielgerichteten Anzeigen und der Interaktion mit Followern können Unternehmen ihre Online-Präsenz stärken und Kundenbeziehungen aufbauen.

E-Mail-Marketing ist eine weitere effektive Form des Digital Marketing. Unternehmen können ihre Kunden durch personalisierte E-Mails ansprechen und Produkte oder Dienstleistungen bewerben. Durch die Verwendung von automatisierten E-Mail-Kampagnen können Unternehmen auch ihre Effektivität und Effizienz steigern.

Content-Marketing ist ein weiterer wichtiger Bestandteil von Digital Marketing. Durch die Erstellung von hochwertigen Inhalten wie Blog-Posts, Infografiken und Videos können Unternehmen ihre Zielgruppe ansprechen und ihre Online-Sichtbarkeit erhöhen.

Affiliate-Marketing ist eine weitere effektive Möglichkeit, um online zu verkaufen. Unternehmen können Partnerprogramme nutzen, um ihre Produkte oder Dienstleistungen über Partner-Websites zu verkaufen.

Online-PR ist ein wichtiger Bestandteil von Digital Marketing. Unternehmen können ihre Online-Sichtbarkeit erhöhen, indem sie Pressemitteilungen und Artikel veröffentlichen, die auf relevanten Websites veröffentlicht werden.

Sebastian Römischer

Conversion-Optimierung ist ein weiterer wichtiger Bestandteil von Digital Marketing. Unternehmen können ihre Website-Designs und -Inhalte optimieren, um die Konversionsraten zu erhöhen und mehr Kunden zu gewinnen.

Mobile-Marketing ist ein weiterer wichtiger Bestandteil von Digital Marketing. Unternehmen können ihre Zielgruppe über mobile Geräte wie Smartphones und Tablets erreichen.

Video-Marketing ist eine weitere effektive Form des Digital Marketing. Unternehmen können Videos erstellen, um ihre Produkte oder Dienstleistungen zu bewerben und ihre Zielgruppe zu erreichen.

Webanalyse ist ein wichtiger Bestandteil von Digital Marketing. Unternehmen können ihre Online-Präsenz überwachen und analysieren, um ihre Effektivität zu steigern und ihre Online-Marketing-Strategie zu optimieren.

ZUSAMMENFASSUNG

Zusammenfassend lässt sich sagen, dass Digital Marketing für Unternehmen in der heutigen digitalen Welt von entscheidender Bedeutung ist. Durch die Verwendung von verschiedenen digitalen Marketing-Methoden können Unternehmen ihre Online-Sichtbarkeit erhöhen, ihre Zielgruppe erreichen und mehr Kunden gewinnen.

Die verschiedenen Kanäle des Digital Marketings

Das digitale Marketing hat sich in den letzten Jahren zu einem wichtigen Bestandteil des Marketings entwickelt. Es gibt verschiedene Kanäle, die Unternehmen nutzen können, um ihre Zielgruppe zu erreichen. In diesem Kapitel werden die wichtigsten Kanäle des Digital Marketings vorgestellt.

SUCHMASCHINENOPTIMIERUNG (SEO)

Die Suchmaschinenoptimierung ist ein wichtiger Bestandteil des Digital Marketings. Hierbei geht es darum, die Website des Unternehmens so zu optimieren, dass sie bei relevanten Suchanfragen in den Suchergebnissen möglichst weit oben erscheint. Die Optimierung erfolgt durch gezielte Maßnahmen wie die Anpassung von Texten und Bildern sowie das Setzen von internen und externen Links.

SOCIAL-MEDIA-MARKETING

Das Social-Media-Marketing ist ein weiterer wichtiger Kanal des Digital Marketings. Hierbei werden soziale Netzwerke wie Facebook, Twitter oder Instagram genutzt, um die Zielgruppe zu erreichen. Unternehmen können hier ihre Produkte und Dienstleistungen präsentieren und mit Kunden in Kontakt treten.

Sebastian Römischer

Auch werbliche Maßnahmen wie Anzeigen und gesponserte Posts können genutzt werden.

E-MAIL-MARKETING

Das E-Mail-Marketing ist ein direkter Kanal des Digital Marketings. Unternehmen können hier gezielt ihre Kunden per E-Mail ansprechen und ihnen Angebote und Neuigkeiten präsentieren. Dabei ist es wichtig, dass die E-Mails personalisiert und zielgerichtet sind, um eine hohe Öffnungs- und Klickrate zu erreichen.

CONTENT-MARKETING

Beim Content-Marketing geht es darum, den Kunden relevante und nützliche Inhalte anzubieten. Hierbei können Unternehmen Blogs, Videos oder Infografiken nutzen, um ihre Zielgruppe zu erreichen. Der Fokus liegt hierbei auf der Informationsvermittlung und nicht auf der direkten Werbung.

AFFILIATE-MARKETING

Das Affiliate-Marketing ist eine spezielle Form des Online-Marketings. Hierbei arbeiten Unternehmen mit Partnern zusammen, die ihre Produkte und Dienstleistungen bewerben. Die Partner erhalten hierbei eine Provision für jeden Verkauf, der über ihren Link generiert wird.

Online-PR

Die Online-PR ist ein wichtiger Bestandteil des Digital Marketings. Hierbei geht es darum, das Image des Unternehmens zu pflegen und zu verbessern. Dabei können Pressemitteilungen, Gastbeiträge oder Interviews genutzt werden, um die Zielgruppe zu erreichen.

CONVERSION-OPTIMIERUNG

Die Conversion-Optimierung ist ein wichtiger Bestandteil des Digital Marketings. Hierbei geht es darum, die Website des Unternehmens so zu optimieren, dass möglichst viele Besucher zu Kunden werden. Dabei können verschiedene Maßnahmen wie die Anpassung von Texten, Bildern und Buttons genutzt werden.

MOBILE-MARKETING

Das Mobile-Marketing ist ein wichtiger Kanal des Digital Marketings. Hierbei geht es darum, die Zielgruppe über mobile Geräte wie Smartphones und Tablets zu erreichen. Dabei können verschiedene Maßnahmen wie Mobile Apps, mobile Websiten oder SMS-Marketing genutzt werden.

VIDEO-MARKETING

Das Video-Marketing ist ein wichtiger Kanal des Digital Marketings. Hierbei geht es darum, die Zielgruppe über Videos zu erreichen. Dabei können verschiedene Plattformen wie YouTube oder Vimeo genutzt werden, um die Videos zu präsentieren.

WEBANALYSE

Die Webanalyse ist ein wichtiger Bestandteil des Digital Marketings. Hierbei geht es darum, die Besucher der Website zu analysieren und zu verstehen. Dabei können verschiedene Tools wie Google Analytics oder Piwik genutzt werden, um die Besucherströme und das Nutzerverhalten zu erfassen.

ZUSAMMENFASSUNG

Das Digital Marketing bietet Unternehmen eine Vielzahl von Kanälen, um ihre Zielgruppe zu erreichen. Eine gezielte Auswahl und Nutzung der Kanäle ist dabei entscheidend, um erfolgreich zu sein. Unternehmen sollten sich hierbei an den Bedürfnissen ihrer Zielgruppe orientieren und ihre Maßnahmen regelmäßig überprüfen und optimieren.

Strategien für erfolgreiches Digital Marketing

In der heutigen Zeit ist es für Unternehmen unerlässlich, ihre Präsenz im digitalen Raum zu stärken. Dazu gehört auch ein erfolgreiches Digital Marketing. Doch welche Strategien sind hierfür am effektivsten?

Eine grundlegende Strategie für erfolgreiches Digital Marketing ist die Suchmaschinenoptimierung (SEO). Hierbei geht es darum, die eigene Website so zu optimieren, dass sie bei relevanten Suchanfragen auf den ersten Plätzen der Suchergebnisse erscheint. Dazu sollten relevante Keywords in der Text- und Bildbeschreibung verwendet werden, sowie eine gute interne Verlinkung und eine schnelle Ladezeit der Website gewährleistet sein.

Sebastian Römischer

Social-Media-Marketing für Reiseagenturen - Mehr Kunden gewinnen

Auch Social-Media-Marketing ist heute unverzichtbar. Hierbei geht es darum, in sozialen Netzwerken wie Facebook, Instagram oder Twitter eine starke Präsenz aufzubauen und regelmäßige Beiträge zu veröffentlichen. Dabei sollten die Beiträge ansprechend gestaltet und auf die Zielgruppe abgestimmt sein.

E-Mail-Marketing ist ebenfalls eine effektive Strategie, um potenzielle Kunden zu erreichen. Hierbei werden gezielte E-Mails an Interessenten versendet, um sie über Angebote oder Neuigkeiten zu informieren. Wichtig hierbei ist, dass die E-Mails personalisiert und optisch ansprechend gestaltet sind.

Content-Marketing geht einen Schritt weiter und setzt auf hochwertigen Content, der die Zielgruppe anspricht und Mehrwert bietet. Dabei kann es sich um Blogbeiträge, Videos oder Infografiken handeln. Auch Affiliate-Marketing, bei dem Partnerunternehmen für die Vermarktung des eigenen Produkts oder Dienstleistung gewonnen werden, kann eine effektive Strategie sein.

Online-PR ist ebenfalls ein wichtiger Bestandteil des Digital Marketings, um die eigene Marke zu stärken und Vertrauen bei der Zielgruppe aufzubauen. Hierbei geht es darum, positive Presseartikel oder Produktbewertungen zu generieren und in den sozialen Medien zu verbreiten.

Conversion-Optimierung ist eine Strategie, um die eigene Website so zu optimieren, dass Besucher zu Kunden werden.

Sebastian Römischer

Hierbei können beispielsweise gezielte Call-to-Actions oder ein einfacher Bestellprozess helfen.

Mobile-Marketing ist in Zeiten von Smartphones und Tablets ebenfalls unverzichtbar und setzt auf die optimierte Darstellung von Inhalten auf mobilen Endgeräten.

Video-Marketing ist eine effektive Strategie, um die Zielgruppe emotional anzusprechen und Produkte oder Dienstleistungen in bewegten Bildern zu präsentieren.

Zuletzt ist auch die Webanalyse ein wichtiger Bestandteil des Digital Marketings, um den Erfolg der eigenen Strategien zu messen und gegebenenfalls anzupassen.

ZUSAMMENFASSUNG

Insgesamt gibt es zahlreiche Strategien für erfolgreiches Digital Marketing, die je nach Zielgruppe und Unternehmen unterschiedlich effektiv sein können. Wichtig ist jedoch, eine klare Strategie zu verfolgen und diese regelmäßig zu überprüfen und anzupassen.

Suchmaschinenoptimierung (SEO)

Grundlagen von SEO

SEO steht für Suchmaschinenoptimierung und ist ein wichtiger Bestandteil des Online-Marketings. Das Ziel von SEO ist es, die Sichtbarkeit einer Website in den Suchmaschinenergebnissen zu verbessern, indem relevante Keywords und Inhalte verwendet werden, um das Ranking der Website zu steigern.

Um SEO erfolgreich umzusetzen, müssen einige Grundlagen beachtet werden. Zunächst ist es wichtig, dass die Website technisch einwandfrei ist und eine schnelle Ladezeit aufweist. Außerdem sollte die Website responsive sein, d.h. sie muss auf verschiedenen Endgeräten wie Smartphones und Tablets optimal dargestellt werden.

Des Weiteren müssen relevante Keywords in die Inhalte der Website integriert werden. Eine umfangreiche Keyword-Recherche ist hierfür notwendig, um die passenden Keywords zu finden. Die Verwendung von relevanten Keywords in Überschriften, Meta-Tags und der URL verbessert das Ranking der Website in den Suchmaschinenergebnissen.

Ein weiterer wichtiger Faktor für eine erfolgreiche SEO-Strategie ist die Erstellung von hochwertigem Content. Der Inhalt sollte informativ und relevant für die Zielgruppe sein. Durch die Veröffentlichung von regelmäßigen Blog-Beiträgen, Newslettern oder anderen relevanten Inhalten können Besucher auf die Website gezogen werden und das Ranking der Website verbessern.

Neben diesen Grundlagen gibt es noch viele weitere Faktoren, die bei der Umsetzung von SEO beachtet werden müssen. Dazu gehören beispielsweise Linkbuilding, lokale SEO-Optimierung und die Verwendung von Rich Snippets.

ZUSAMMENFASSUNG

Insgesamt ist SEO ein wichtiger Bestandteil des Online-Marketings und sollte von Unternehmen jeder Branche beachtet werden. Durch eine erfolgreiche SEO-Strategie kann die Sichtbarkeit der Website gesteigert und somit potenzielle Kunden auf die Website gezogen werden.

On-Page-Optimierung

Die On-Page-Optimierung ist eine wichtige Maßnahme im Bereich der Suchmaschinenoptimierung (SEO). Dabei geht es darum, die eigene Website so zu gestalten, dass sie von Suchmaschinen wie Google besser gefunden und bewertet wird. Denn je besser die Suchmaschine die Relevanz und Qualität einer Website einschätzt, desto höher wird sie in den Suchergebnissen platziert.

Doch wie lässt sich die On-Page-Optimierung konkret umsetzen? Im Folgenden werden einige wichtige Schritte erläutert:

1. Die Wahl der richtigen Keywords

Bevor man mit der eigentlichen Optimierung beginnt, sollte man sich Gedanken darüber machen, welche Keywords man auf der eigenen Website verwenden möchte. Diese sollten relevant für das eigene Geschäftsfeld sein und von der Zielgruppe häufig gesucht werden. Mit Hilfe von Keyword-Tools kann man herausfinden, welche Begriffe besonders oft gesucht werden und wie hoch die Konkurrenz ist.

2. Optimierung der Meta-Tags

Meta-Tags sind Informationen, die im HTML-Code einer Website hinterlegt werden und von Suchmaschinen ausgelesen werden. Dabei sind vor allem der Title-Tag und der Description-Tag wichtig. Im Title-Tag sollte das Haupt-Keyword der Seite verwendet werden, während im Description-Tag eine kurze Beschreibung des Inhalts stehen sollte.

3. Strukturierung der Inhalte

Eine übersichtliche Strukturierung der Inhalte ist nicht nur für die Nutzer wichtig, sondern auch für Suchmaschinen. Dabei sollten die Haupt-Keywords in Überschriften (H1, H2, H3) und im Fließtext verwendet werden. Auch die Verwendung von Listen und Aufzählungen kann die Lesbarkeit und Verständlichkeit verbessern.

4. Optimierung der Bilder

Auch Bilder können für die On-Page-Optimierung genutzt werden. Dabei sollten aussagekräftige Dateinamen verwendet werden und die Bilder mit Alt-Tags versehen werden. Diese beschreiben den Inhalt des Bildes und werden von Suchmaschinen erfasst.

5. Schnelle Ladezeiten

Eine schnelle Ladezeit ist nicht nur für die Nutzer wichtig, sondern auch für die Suchmaschinen. Dabei können verschiedene Maßnahmen wie die Komprimierung von Bildern oder die Verwendung von Caching-Technologien helfen, die Ladezeit zu verbessern.

ZUSAMMENFASSUNG

Insgesamt ist die On-Page-Optimierung ein wichtiger Bestandteil einer erfolgreichen SEO-Strategie. Durch die gezielte Optimierung der eigenen Website kann man die Sichtbarkeit in den Suchergebnissen verbessern und somit neue Kunden gewinnen.

Off-Page-Optimierung

Die Off-Page-Optimierung ist ein wichtiger Bestandteil des Suchmaschinenmarketings (SEO). Im Gegensatz zur On-Page-Optimierung, bei der es um die Optimierung der eigenen Website geht, bezieht sich die Off-Page-Optimierung auf alle Maßnahmen, die außerhalb der eigenen Website durchgeführt werden, um das Ranking in den Suchmaschinenergebnissen zu verbessern.

Eine der wichtigsten Off-Page-Maßnahmen ist der Linkaufbau. Je mehr Links von anderen Websites auf die eigene Website verweisen, desto höher wird das Ranking in den Suchmaschinenergebnissen. Dabei ist jedoch wichtig, dass es sich um qualitativ hochwertige Links handelt, die von themenrelevanten Websites kommen. Links von unseriösen oder irrelevanten Websites können sogar zu einer Abwertung des Rankings führen.

Eine weitere wichtige Off-Page-Maßnahme ist die Social-Media-Optimierung. Social-Media-Plattformen wie Facebook, Twitter oder Instagram bieten eine gute Möglichkeit, um auf die eigene Website aufmerksam zu machen und Links zu generieren. Durch regelmäßige Beiträge und Interaktion mit der Community können auch positive Signale an Suchmaschinen gesendet werden, die das Ranking verbessern.

Auch der Aufbau von Online-Verzeichniseinträgen kann eine sinnvolle Off-Page-Maßnahme sein. Durch Einträge in Branchenverzeichnisse oder lokale Verzeichnisse kann die Sichtbarkeit der eigenen Website erhöht werden und es können neue potenzielle Kunden gewonnen werden.

Sebastian Römischer

Neben diesen Maßnahmen gibt es noch viele weitere Möglichkeiten, um die Off-Page-Optimierung zu verbessern. Wichtig ist dabei jedoch immer, dass die Maßnahmen ethisch korrekt sind und nicht gegen die Richtlinien von Suchmaschinen verstoßen.

ZUSAMMENFASSUNG

Insgesamt ist die Off-Page-Optimierung ein wichtiger Bestandteil des Suchmaschinenmarketings und sollte von Unternehmen, die im Internet gefunden werden möchten, nicht vernachlässigt werden. Durch gezielte Maßnahmen kann das Ranking in den Suchmaschinenergebnissen verbessert werden, was letztendlich zu mehr Traffic und potenziellen Kunden führt.

Lokale SEO für Reiseagenturen

Für Reiseagenturen ist es wichtig, dass potenzielle Kunden sie in ihrer unmittelbaren Umgebung finden können. Lokale Suchmaschinenoptimierung (SEO) ist daher ein wichtiger Bestandteil des Online-Marketings für Reiseagenturen. Hier sind einige Tipps, wie Sie Ihre lokale SEO verbessern können:

1. Google My Business

Erstellen Sie ein Google My Business-Konto und füllen Sie es vollständig aus. Geben Sie Ihre Geschäftsadresse, Telefonnummer, Öffnungszeiten und andere relevante Informationen an. Dadurch wird Ihre Agentur in Google Maps angezeigt und Ihre Kunden können Bewertungen abgeben.

2. NAP-Konsistenz

Stellen Sie sicher, dass Ihre Geschäftsdaten (Name, Adresse und Telefonnummer) auf Ihrer Website, Google My Business und anderen Online-Verzeichnissen konsistent sind. Dies hilft Google, Ihre Agentur zuverlässiger zu erkennen und zu indexieren.

3. Lokale Keywords

Verwenden Sie lokale Keywords in Ihrem Websiteninhalt, z.B. "Reiseagentur in Berlin" oder "Urlaub in München". Dies hilft Google, Ihre Agentur in den Suchergebnissen für lokale Suchanfragen zu platzieren.

4. Backlinks

Erstellen Sie Backlinks von anderen hochwertigen Websites, um Ihre Glaubwürdigkeit zu erhöhen. Verlinkungen von lokalen Websites oder Reiseblogs können besonders hilfreich sein.

5. Bewertungen

Fordern Sie Ihre zufriedenen Kunden auf, Bewertungen auf Google My Business oder anderen Bewertungsportalen abzugeben. Positive Bewertungen können Ihre lokale SEO verbessern und potenzielle Kunden überzeugen.

6. Social-Media

Verwenden Sie Social-Media, um Ihre Agentur lokal zu bewerben. Posten Sie Bilder von lokalen Sehenswürdigkeiten und Events und nutzen Sie Hashtags, um Ihre Reichweite zu erhöhen.

ZUSAMMENFASSUNG

Eine gute lokale SEO-Strategie kann dazu beitragen, dass Ihre Reiseagentur in den lokalen Suchergebnissen besser gefunden wird und mehr Kunden gewinnt. Nutzen Sie die oben genannten Tipps, um Ihre lokale SEO zu verbessern und Ihre Agentur erfolgreich zu vermarkten.

Social-Media-Marketing

Die wichtigsten sozialen Netzwerke für Reiseagenturen

In der heutigen digitalen Welt ist es für Reiseagenturen von entscheidender Bedeutung, auf sozialen Netzwerken präsent zu sein. Social-Media-Marketing ist ein wichtiger Bestandteil der Marketing-Strategie von Reiseagenturen. Es hilft, die Markenbekanntheit zu erhöhen, mehr Kunden zu gewinnen und letztendlich den Umsatz zu steigern.

Hier sind die wichtigsten sozialen Netzwerke, die Reiseagenturen nutzen sollten:

1. Facebook

Facebook ist das größte soziale Netzwerk der Welt und bietet eine hervorragende Plattform für Reiseagenturen, um ihre Dienstleistungen und Angebote zu bewerben. Mit mehr als 2,7 Milliarden aktiven Nutzern weltweit bietet Facebook eine enorme Reichweite und Zielgruppenauswahl.

2. Instagram

Instagram ist ein visuelles soziales Netzwerk, das sich ideal für Reiseagenturen eignet, um ihre Reiseziele und -angebote zu präsentieren. Mit mehr als 1 Milliarde Nutzern weltweit ist Instagram eine hervorragende Plattform, um eine junge und trendbewusste Zielgruppe anzusprechen.

3. YouTube

YouTube ist die größte Videoplattform der Welt und bietet Reiseagenturen die Möglichkeit, ihre Dienstleistungen und Angebote in Form von Videos zu präsentieren. Mit mehr als 2 Milliarden aktiven Nutzern weltweit bietet YouTube eine enorme Reichweite und Zielgruppenauswahl.

Sebastian Römischer

4. Twitter

Twitter ist ein soziales Netzwerk, das sich ideal eignet, um aktuelle Ereignisse und Angebote zu teilen. Reiseagenturen können Twitter nutzen, um ihre Kunden über aktuelle Angebote, Sonderaktionen und Ereignisse auf dem Laufenden zu halten.

5. Pinterest

Pinterest ist ein visuelles soziales Netzwerk, das sich ideal eignet, um Reiseziele und -angebote zu präsentieren. Reiseagenturen können Pinterest nutzen, um inspirierende Bilder und Videos zu teilen und ihre Kunden zu motivieren, ihre nächste Reise zu buchen.

ZUSAMMENFASSUNG

Zusammenfassend lässt sich sagen, dass soziale Netzwerke ein wichtiger Bestandteil der Marketing-Strategie von Reiseagenturen sind. Durch die richtige Nutzung der verschiedenen sozialen Netzwerke können Reiseagenturen ihre Reichweite erhöhen, mehr Kunden gewinnen und letztendlich den Umsatz steigern.

Sebastian Römischer

Wie man eine Social-Media-Strategie entwickelt

Social-Media-Marketing ist in der heutigen Geschäftswelt unverzichtbar geworden. Eine solide Social-Media-Strategie kann für Unternehmen jeder Branche von unschätzbarem Wert sein, um ihre Markenbekanntheit zu steigern, Kunden zu gewinnen und letztlich den Umsatz zu steigern. In diesem Kapitel werden wir Ihnen zeigen, wie Sie eine effektive Social-Media-Strategie entwickeln können, die genau auf die Bedürfnisse Ihres Unternehmens zugeschnitten ist.

1. Zielsetzung: Definieren Sie Ihre Ziele

Bevor Sie eine Social-Media-Strategie entwickeln, ist es wichtig, Ihre Ziele zu definieren. Möchten Sie beispielsweise Ihre Kundenbasis erweitern, Ihre Marke bekannter machen oder den Verkauf steigern? Ihre Ziele sollten spezifisch, messbar, erreichbar, relevant und zeitgebunden sein.

2. Zielgruppenanalyse: Kennen Sie Ihre Zielgruppe

Eine gründliche Analyse Ihrer Zielgruppe ist unerlässlich, um Ihre Social-Media-Strategie erfolgreich zu gestalten. Finden Sie heraus, wer Ihre Kunden sind, welche sozialen Medien sie bevorzugen und welche Art von Inhalten sie ansprechen. Auf diese Weise können Sie Inhalte erstellen, die Ihre Zielgruppe ansprechen und sie dazu bringen, mit Ihrem Unternehmen zu interagieren.

3. Inhaltserstellung: Erstellen Sie ansprechende Inhalte

Die Erstellung von ansprechenden Inhalten ist der Schlüssel zum Erfolg Ihrer Social-Media-Strategie. Ihre Inhalte sollten relevant und interessant sein und Ihre Zielgruppe ansprechen. Nutzen Sie verschiedene Medien wie Bilder, Videos und Infografiken, um Ihre Inhalte visuell ansprechender zu gestalten.

4. Social-Media-Kanäle: Wählen Sie die richtigen Kanäle aus

Es ist wichtig, die richtigen Social-Media-Kanäle zu wählen, um Ihre Zielgruppe zu erreichen. Unterschiedliche Kanäle haben unterschiedliche Zielgruppen und Nutzungsweisen. Wählen Sie die Kanäle aus, die am besten zu Ihrem Unternehmen und Ihren Zielen passen.

5. Zielgruppen Interaktion: Interagieren Sie mit Ihrer Zielgruppe

Interaktion mit Ihrer Zielgruppe ist ein wichtiger Bestandteil Ihrer Social-Media-Strategie. Reagieren Sie auf Kommentare, beantworten Sie Fragen und treten Sie in einen Dialog mit Ihrer Zielgruppe. Auf diese Weise können Sie eine engere Beziehung zu Ihren Kunden aufbauen und sie dazu bringen, sich mit Ihrem Unternehmen zu identifizieren.

6. Analyse und Verbesserung: Überprüfen Sie Ihre Strategie regelmäßig

Es ist wichtig, Ihre Social-Media-Strategie regelmäßig zu überprüfen und zu verbessern. Analysieren Sie, welche Inhalte gut funktionieren und welche nicht, welche Kanäle am besten funktionieren und welche nicht. Auf diese Weise können Sie Ihre Strategie kontinuierlich verbessern und optimieren, um Ihre Ziele zu erreichen.

ZUSAMMENFASSUNG

Eine effektive Social-Media-Strategie kann für Unternehmen jeder Branche von unschätzbarem Wert sein, um ihre Markenbekanntheit zu steigern, Kunden zu gewinnen und letztlich den Umsatz zu steigern. Wenn Sie unsere Schritte befolgen, können Sie eine erfolgreiche Social-Media-Strategie entwickeln, die genau auf die Bedürfnisse Ihres Unternehmens zugeschnitten ist.

Praktische Tipps für erfolgreiches Social-Media-Marketing

Social-Media-Marketing ist mittlerweile ein wichtiger Bestandteil der Marketing-Strategie von Unternehmen. Auch für Reiseagenturen bietet Social-Media eine hervorragende Möglichkeit, um Kunden zu gewinnen und die eigene Marke bekannter zu machen. Damit Social-Media-Marketing jedoch erfolgreich ist, gibt es einige wichtige Tipps zu beachten.

1. Zielgruppenanalyse

Bevor Sie mit Social-Media-Marketing beginnen, sollten Sie sich Ihre Zielgruppe genau anschauen. Wo halten sich Ihre Kunden auf und welche Kanäle nutzen sie? Welche Themen interessieren sie und welche Probleme haben sie? Nur wenn Sie Ihre Zielgruppe genau kennen, können Sie auch gezielt auf sie eingehen und erfolgreich kommunizieren.

2. Content-Strategie

Social-Media lebt von guten Inhalten. Überlegen Sie sich deshalb, welche Inhalte Ihre Zielgruppe interessieren und wie Sie diese am besten aufbereiten. Texte, Bilder, Videos oder Infografiken? Auch die Häufigkeit der Beiträge ist wichtig. Einmal pro Woche oder täglich? Hier gilt es, die richtige Balance zu finden.

3. Interaktion

Social-Media ist kein Einbahnstraßen-Kommunikationskanal. Bieten Sie Ihren Followern die Möglichkeit, mit Ihnen in Kontakt zu treten und sich auszutauschen. Beantworten Sie Fragen, reagieren Sie auf Kommentare und zeigen Sie Interesse an den Anliegen Ihrer Kunden.

4. Emotionen

Social-Media lebt von Emotionen. Nutzen Sie deshalb auch emotionale Inhalte, um bei Ihren Followern eine Reaktion hervorzurufen. Bilder oder Videos von schönen Reisezielen, lustige Anekdoten oder inspirierende Zitate können hierbei helfen.

5. Analyse

Messen Sie regelmäßig den Erfolg Ihrer Social-Media-Aktivitäten. Welche Beiträge haben am besten funktioniert und welche weniger gut? Wie hat sich Ihre Reichweite und Interaktion entwickelt? Nur so können Sie Ihre Strategie kontinuierlich optimieren und noch erfolgreicher werden.

ZUSAMMENFASSUNG

Social-Media-Marketing kann für Reiseagenturen eine hervorragende Möglichkeit sein, um Kunden zu gewinnen und die eigene Marke bekannter zu machen. Allerdings ist es wichtig, die oben genannten Tipps zu beachten, um erfolgreich zu sein. Nur wer seine Zielgruppe kennt, gute Inhalte erstellt, aktiv interagiert,

Emotionen weckt und regelmäßig analysiert, kann mit
Social-Media-Marketing erfolgreich sein.

E-Mail-Marketing

Warum E-Mail-Marketing für Reiseagenturen wichtig ist

E-Mail-Marketing ist ein wichtiger Bestandteil des digitalen
Marketings, insbesondere für Unternehmen in der Reisebranche.
Reiseagenturen können von E-Mail-Marketing profitieren, da es
ihnen ermöglicht, ihre Kunden auf eine persönliche und effektive
Weise anzusprechen. Warum also ist E-Mail-Marketing für
Reiseagenturen wichtig?

Erstens bietet E-Mail-Marketing eine effektive Möglichkeit,
Kunden zu erreichen und zu informieren. Reiseagenturen können
Newsletter und Angebote per E-Mail versenden, um Kunden über
neue Angebote und Rabatte zu informieren. Dies ist eine
kostengünstige Möglichkeit, um Kunden auf dem Laufenden zu
halten und ihre Loyalität zu steigern.

Zweitens ermöglicht E-Mail-Marketing eine personalisierte
Kundenansprache. Durch die Segmentierung der E-Mail-Liste
können Reiseagenturen gezielte E-Mails an Kunden versenden,

die an bestimmten Reisen oder Angeboten interessiert sind. Dies verbessert die Chancen auf eine Conversion und stärkt die Beziehung zwischen Kunden und Reiseagentur.

Drittens bietet E-Mail-Marketing eine hohe Messbarkeit. Reiseagenturen können mithilfe von E-Mail-Marketing-Tools genau verfolgen, wer ihre E-Mails öffnet und auf welche Links geklickt wird. Dies ermöglicht es ihnen, die Effektivität ihrer Kampagnen zu überprüfen und ihre Strategien zu optimieren.

Viertens kann E-Mail-Marketing auch zur Kundenbindung genutzt werden. Reiseagenturen können ihren Kunden nach ihrer Reise eine E-Mail mit einer Umfrage und einem Feedback-Formular senden. Dies zeigt, dass die Reiseagentur an der Meinung ihrer Kunden interessiert ist und kann dazu beitragen, die Kundenzufriedenheit zu steigern.

ZUSAMMENFASSUNG

Insgesamt ist E-Mail-Marketing ein wichtiger Bestandteil des digitalen Marketings für Reiseagenturen. Es bietet eine kostengünstige Möglichkeit, Kunden zu informieren und anzusprechen, ermöglicht eine personalisierte Kundenansprache, bietet hohe Messbarkeit und kann zur Kundenbindung genutzt werden. Reiseagenturen sollten

E-Mail-Marketing in ihre Marketing-Strategie integrieren, um ihre Kunden effektiv zu erreichen und ihre Beziehungen zu stärken.

Wie man eine E-Mail-Marketing-Kampagne plant und durchführt

E-Mail-Marketing ist eine der effektivsten Methoden, um mit Kunden und potenziellen Kunden in Kontakt zu bleiben und Ihr Unternehmen zu bewerben. Es ist kostengünstig, einfach und kann eine hohe Conversion-Rate erzielen. Aber wie plant und führt man eine erfolgreiche E-Mail-Marketing-Kampagne durch?

1. Ziele definieren

Bevor Sie mit der Planung Ihrer E-Mail-Marketing-Kampagne beginnen, sollten Sie klare Ziele definieren. Möchten Sie mehr Verkäufe generieren, Ihren Kundenstamm erweitern oder Ihre Marke bekannter machen? Indem Sie Ihre Ziele definieren, können Sie Ihre Kampagne gezielter planen und optimieren.

2. Zielgruppe identifizieren

Identifizieren Sie Ihre Zielgruppe und segmentieren Sie sie gezielt. So können Sie Ihre E-Mails personalisieren und relevante

Inhalte anbieten. Eine Segmentierung nach Alter, Interessen oder Kaufverhalten kann dabei hilfreich sein.

3. E-Mail-Liste aufbauen

Eine qualitativ hochwertige E-Mail-Liste ist der Schlüssel zu einer erfolgreichen E-Mail-Marketing-Kampagne. Bieten Sie Anreize wie Rabatte oder exklusive Inhalte, um Abonnenten zu gewinnen. Stellen Sie sicher, dass Ihre Abonnenten ihre Einwilligung zur Kontaktaufnahme gegeben haben und bieten Sie eine einfache Möglichkeit zum Abmelden.

4. Inhalte planen

Planen Sie Ihre Inhalte im Voraus und erstellen Sie einen Redaktionsplan. Bieten Sie wertvolle Inhalte wie Tipps, Angebote oder Neuigkeiten. Vermeiden Sie reine Werbebotschaften und achten Sie auf eine ansprechende Gestaltung.

5. Automatisierung nutzen

Nutzen Sie Automatisierungstools, um Ihre E-Mail-Kampagne zu optimieren. Automatisierte E-Mails wie Willkommensnachrichten oder Warenkorb-Erinnerungen können die Kundenbindung erhöhen und den Umsatz steigern.

6. Erfolg messen

Messen Sie den Erfolg Ihrer E-Mail-Marketing-Kampagne und optimieren Sie sie gezielt. Überwachen Sie Öffnungs- und Klickraten sowie die Conversion-Rate. Testen Sie verschiedene Betreffzeilen und Inhalte, um zu sehen, was am besten funktioniert.

ZUSAMMENFASSUNG

Eine erfolgreiche E-Mail-Marketing-Kampagne erfordert Planung, Engagement und kontinuierliche Optimierung. Indem Sie die oben genannten Tipps befolgen und Ihre Kampagne gezielt auf Ihre Zielgruppe ausrichten, können Sie Ihre Kundenbindung erhöhen und Ihren Umsatz steigern.

Best Practices für erfolgreiches E-Mail-Marketing

E-Mail-Marketing ist eine der effektivsten Methoden, um Kunden zu gewinnen und zu halten. Es gibt jedoch einige Best Practices, die beachtet werden müssen, um erfolgreich zu sein. Hier sind einige Tipps für erfolgreiches E-Mail-Marketing.

1. Legen Sie klare Ziele fest

Bevor Sie mit dem E-Mail-Marketing beginnen, sollten Sie klare Ziele definieren. Möchten Sie mehr Kunden gewinnen, Ihre Kundenbindung verbessern oder Ihre Verkäufe steigern? Wenn Sie Ihre Ziele kennen, können Sie Ihre E-Mail-Kampagnen effektiver gestalten.

2. Bauen Sie eine Liste auf

Eine Liste von Abonnenten ist der Schlüssel zum Erfolg im E-Mail-Marketing. Bieten Sie Ihren Kunden einen Anreiz, um sich für Ihren Newsletter anzumelden, wie z.B. exklusive Angebote oder Rabatte. Stellen Sie sicher, dass Sie Kunden auf Ihrer Website und in allen Marketingmaterialien darauf aufmerksam machen.

3. Personalisieren Sie Ihre E-Mails

Personalisierte E-Mails haben eine höhere Öffnungsrate als generische E-Mails. Verwenden Sie den Namen des Empfängers und passen Sie den Inhalt an ihre Interessen an. Nutzen Sie Informationen aus früheren Einkäufen oder Interaktionen, um personalisierte Empfehlungen zu machen.

4. Schreiben Sie ansprechende Betreffzeilen

Die Betreffzeile ist der erste Eindruck, den der Empfänger von Ihrer E-Mail hat. Schreiben Sie eine Betreffzeile, die neugierig macht und den Empfänger dazu animiert, die E-Mail zu öffnen. Vermeiden Sie Spam-auslösende Wörter und halten Sie die Betreffzeile kurz und prägnant.

5. Verwenden Sie eine klare Call-to-Action

Eine klare Call-to-Action (CTA) ist entscheidend, um Ihre Leser dazu zu bewegen, auf Ihre E-Mail zu reagieren. Verwenden Sie eine auffällige Schaltfläche oder einen Link, um den Empfänger auf Ihre Website zu leiten oder ihn zum Kauf aufzufordern.

6. Testen und optimieren Sie Ihre E-Mails

Testen Sie verschiedene Elemente Ihrer E-Mails wie Betreffzeilen, Inhalte und CTAs, um herauszufinden, was am besten funktioniert. Verfolgen Sie Ihre Öffnungs- und Klickraten und optimieren Sie Ihre E-Mails entsprechend.

ZUSAMMENFASSUNG

E-Mail-Marketing kann ein wertvolles Instrument sein, um Kunden zu gewinnen und zu halten. Durch die Einhaltung dieser Best Practices können Sie erfolgreiche E-Mail-Kampagnen erstellen und Ihre Ziele erreichen.

Content-Marketing

Was ist Content-Marketing?

Content-Marketing ist eine Marketing-Strategie, die darauf abzielt, relevante und nützliche Inhalte zu erstellen und zu verteilen, um potenzielle Kunden zu gewinnen und bestehende Kunden zu halten. Es geht darum, wertvolle Informationen bereitzustellen, die die Bedürfnisse und Interessen der

Social-Media-Marketing für Reiseagenturen - Mehr Kunden gewinnen

Zielgruppe ansprechen. Durch die Erstellung und Verbreitung von qualitativ hochwertigem und relevantem Content können Unternehmen Vertrauen und Glaubwürdigkeit aufbauen, ihre Reichweite erhöhen und ihre Zielgruppe besser ansprechen.

Content-Marketing umfasst eine Vielzahl von Formaten, einschließlich Blog-Posts, Artikel, Infografiken, Videos, Podcasts, E-Books und mehr. Es geht darum, die Inhalte so zu gestalten, dass sie die Zielgruppe ansprechen und ihr helfen, ihre Probleme zu lösen oder ihre Bedürfnisse zu erfüllen. Durch die Erstellung von Inhalten, die auf die Zielgruppe abgestimmt sind, können Unternehmen ihre Online-Präsenz stärken und ihre Sichtbarkeit bei Suchmaschinen verbessern.

Inhalte sollten nicht nur informativ, sondern auch unterhaltsam und ansprechend sein. Durch die Verwendung von visuellen Elementen wie Bildern und Videos können Unternehmen ihre Inhalte interessanter und ansprechender gestalten. Es ist auch wichtig, Inhalte zu erstellen, die für verschiedene Plattformen und Kanäle optimiert sind, um eine maximale Reichweite zu erzielen.

Content-Marketing kann zu einer höheren Conversion-Rate führen, da Unternehmen Inhalte erstellen, die auf die Bedürfnisse und Interessen der Zielgruppe abgestimmt sind. Wenn Unternehmen ihren Kunden relevante und nützliche Informationen bereitstellen, können sie das Vertrauen und die Loyalität ihrer Zielgruppe gewinnen. Durch die Erstellung von Inhalten, die auf die Bedürfnisse und Interessen der Zielgruppe zugeschnitten sind, können Unternehmen auch ihre Online-Präsenz stärken und ihre Sichtbarkeit bei Suchmaschinen verbessern.

ZUSAMMENFASSUNG

Insgesamt ist Content-Marketing eine wichtige Marketing-Strategie, die Unternehmen dabei helfen kann, ihre Zielgruppe besser zu erreichen und ihr Vertrauen und ihre Loyalität zu gewinnen. Es ist wichtig, relevante und nützliche Inhalte zu erstellen, die auf die Bedürfnisse und Interessen der Zielgruppe abgestimmt sind, um eine höhere Conversion-Rate zu erzielen und das Wachstum des Unternehmens zu fördern.

Wie man eine Content-Marketing-Strategie für Reiseagenturen entwickelt

Content-Marketing ist eine effektive Methode, um potenzielle Kunden anzusprechen und zu binden. Für Reiseagenturen ist es besonders wichtig, eine gute Content-Marketing-Strategie zu entwickeln, um ihre Dienstleistungen zu bewerben und mehr Kunden zu gewinnen. In diesem Kapitel werden wir Ihnen zeigen, wie Sie eine erfolgreiche Content-Marketing-Strategie für Ihre Reiseagentur entwickeln können.

1. Zielgruppenanalyse

Bevor Sie mit Ihrer Content-Marketing-Strategie beginnen, müssen Sie Ihre Zielgruppe kennen. Wer sind Ihre potenziellen Kunden? Was sind ihre Bedürfnisse und Interessen? Welche Art von Reisen suchen sie? Je besser Sie Ihre Zielgruppe verstehen, desto effektiver wird Ihre Content-Marketing-Strategie sein.

2. Content-Planung

Nachdem Sie Ihre Zielgruppe analysiert haben, können Sie mit der Planung Ihres Contents beginnen. Welche Arten von Inhalten sind für Ihre Zielgruppe relevant? Welche Themen sollten Sie behandeln? Welche Formate sollten Sie verwenden, z.B. Blog-Artikel, Videos oder Infografiken? Erstellen Sie einen Redaktionsplan, um sicherzustellen, dass Sie regelmäßig hochwertige Inhalte veröffentlichen.

3. Suchmaschinenoptimierung (SEO)

Um sicherzustellen, dass Ihre Inhalte von potenziellen Kunden gefunden werden, ist eine gute SEO-Strategie unerlässlich. Verwenden Sie relevante Keywords in Ihren Inhalten und optimieren Sie Ihre Website für Suchmaschinen. Erstellen Sie qualitativ hochwertige Backlinks, um Ihr Google-Ranking zu verbessern.

4. Social-Media-Marketing

Social-Media ist eine wichtige Plattform, um Ihre Inhalte zu teilen und Ihre Marke bekannt zu machen. Erstellen Sie Profile auf den relevanten Plattformen und teilen Sie Ihre Inhalte regelmäßig. Nutzen Sie auch Werbung auf Social-Media, um Ihre Reichweite zu erhöhen.

5. E-Mail-Marketing

E-Mail-Marketing ist eine effektive Methode, um potenzielle Kunden anzusprechen und zu binden. Erstellen Sie eine E-Mail-Liste und versenden Sie regelmäßig Newsletter mit relevanten Inhalten und Angeboten.

6. Affiliate-Marketing

Affiliate-Marketing ist eine Möglichkeit, um Ihre Reichweite zu erhöhen und mehr Kunden zu gewinnen. Arbeiten Sie mit

Partnern zusammen, die Ihre Dienstleistungen bewerben und Ihnen eine Provision für jeden vermittelten Kunden zahlen.

7. Conversion-Optimierung

Um sicherzustellen, dass Ihre Inhalte und Angebote zu Buchungen führen, ist eine gute Conversion-Optimierung wichtig. Verwenden Sie Call-to-Actions und optimieren Sie Ihre Landingpages, um eine höhere Conversion-Rate zu erzielen.

8. Mobile-Marketing

Da immer mehr Menschen ihre Reisen über mobile Geräte buchen, ist es wichtig, dass Ihre Inhalte und Angebote auch für mobile Geräte optimiert sind. Stellen Sie sicher, dass Ihre Website responsive ist und Ihre Inhalte auch auf kleinen Bildschirmen gut lesbar sind.

9. Video-Marketing

Video-Marketing ist eine wirksame Methode, um Ihre Dienstleistungen zu bewerben und Ihre Marke bekannt zu machen. Erstellen Sie Videos, die Ihre Zielgruppe ansprechen und teilen Sie sie auf Ihren Social-Media-Kanälen und Ihrer Website.

10. Webanalyse

Um zu erfahren, wie gut Ihre Content-Marketing-Strategie funktioniert, ist es wichtig, Ihre Website und Social-Media-Kanäle regelmäßig zu analysieren. Verwenden Sie Analysetools, um Ihre Zugriffszahlen, Conversion-Raten und andere wichtige Kennzahlen zu verfolgen.

ZUSAMMENFASSUNG

Eine gute Content-Marketing-Strategie kann dazu beitragen, dass Ihre Reiseagentur erfolgreich wird und mehr Kunden gewinnt. Mit einer gezielten Zielgruppenanalyse, einer effektiven Content-Planung und einer umfassenden Marketing-Strategie, die Suchmaschinenoptimierung, Social-Media-Marketing, E-Mail-Marketing, Affiliate-Marketing, Conversion-Optimierung, Mobile-Marketing, Video-Marketing und Webanalyse umfasst, können Sie Ihre Marke bekannt machen und mehr Kunden gewinnen.

Praktische Tipps für erfolgreiches Content-Marketing

Content-Marketing hat sich zu einem der wichtigsten Werkzeuge im digitalen Marketing entwickelt. Es geht darum, hochwertige und relevante Inhalte zu erstellen und zu teilen, um eine bestimmte Zielgruppe anzusprechen und zu binden. Im Folgenden finden Sie einige praktische Tipps, wie Sie Ihr Content-Marketing optimieren und erfolgreich gestalten können.

1. Zielgruppenanalyse

Bevor Sie mit dem Erstellen von Inhalten beginnen, ist es wichtig, Ihre Zielgruppe genau zu kennen. Wer sind Ihre Kunden? Was sind ihre Bedürfnisse und Interessen? Wo suchen sie nach Informationen? Mit diesem Wissen können Sie Inhalte erstellen, die Ihre Zielgruppe ansprechen und begeistern.

2. Content-Planung

Erstellen Sie einen Content-Plan, der auf Ihre Zielgruppe und deren Bedürfnisse abgestimmt ist. Planen Sie im Voraus, welche Themen Sie behandeln möchten und wie Sie diese umsetzen werden. Ein gut durchdachter Content-Plan hilft Ihnen, regelmäßig hochwertige Inhalte zu erstellen und zu teilen.

3. Storytelling

Geschichten sind ein sehr effektives Mittel, um Ihre Zielgruppe zu erreichen und zu begeistern. Erzählen Sie Geschichten über Ihre Kunden, Ihre Produkte oder Ihre Dienstleistungen. Verwenden Sie Bilder und Videos, um Ihre Geschichten noch lebendiger zu gestalten.

4. SEO-Optimierung

Stellen Sie sicher, dass Ihre Inhalte suchmaschinenoptimiert sind. Verwenden Sie relevante Keywords und sorgen Sie dafür, dass Ihre Inhalte leicht zu finden sind. Eine gute SEO-Optimierung trägt dazu bei, dass Ihre Inhalte von Ihrer Zielgruppe gefunden werden.

5. Social-Media

Social-Media ist ein wichtiger Kanal, um Ihre Inhalte zu verbreiten und Ihre Zielgruppe zu erreichen. Teilen Sie Ihre Inhalte auf den sozialen Medien, die von Ihrer Zielgruppe genutzt werden. Nutzen Sie auch Social-Media-Tools, um Ihre Inhalte zielgerichtet zu bewerben.

6. E-Mail-Marketing

E-Mail-Marketing ist ein weiterer wichtiger Kanal, um Ihre Inhalte zu verbreiten. Erstellen Sie regelmäßig Newsletter und teilen Sie darin Ihre Inhalte. Nutzen Sie auch E-Mail-Marketing-Tools, um Ihre Newsletter zu automatisieren und gezielt zu versenden.

7. Analyse

Überwachen Sie regelmäßig Ihre Inhalte und analysieren Sie, welche Inhalte bei Ihrer Zielgruppe gut ankommen. Nutzen Sie Analysetools, um zu sehen, wie oft Ihre Inhalte aufgerufen werden und welche Interaktionen stattfinden. Mit diesen Erkenntnissen können Sie Ihr Content-Marketing weiter optimieren.

ZUSAMMENFASSUNG

Content-Marketing ist ein wichtiger Bestandteil des digitalen Marketings. Mit diesen praktischen Tipps können Sie Ihr Content-Marketing optimieren und erfolgreich gestalten. Wichtig ist es, Ihre Zielgruppe genau zu kennen und relevante, hochwertige Inhalte zu erstellen und zu teilen.

Affiliate-Marketing

Definition und Bedeutung von Affiliate-Marketing

Affiliate-Marketing ist eine Form des Online-Marketings, bei der ein Unternehmen (Merchant) mit anderen Website-Betreibern (Affiliates) zusammenarbeitet, um Produkte oder Dienstleistungen zu bewerben und zu verkaufen. Der Merchant bietet den Affiliates eine Provision für jeden Verkauf, der durch ihre Online-Marketing-Aktivitäten generiert wird.

Das Affiliate-Marketing ist ein wichtiger Bestandteil des Online-Marketings und hat in den letzten Jahren stark an Bedeutung gewonnen. Es ermöglicht Unternehmen, ihre Reichweite zu vergrößern, indem sie mit anderen Websites zusammenarbeiten und so neue Kunden gewinnen können.

Gleichzeitig profitieren die Affiliates von einer zusätzlichen Einnahmequelle, da sie für jeden Verkauf eine Provision erhalten.

Das Affiliate-Marketing bietet zahlreiche Vorteile für Unternehmen und Affiliates. Unternehmen können ihre Produkte oder Dienstleistungen kosteneffizient bewerben und verkaufen, während Affiliates von einer zusätzlichen Einnahmequelle profitieren und ihre Online-Reputation stärken können.

Um erfolgreich im Affiliate-Marketing zu sein, ist es wichtig, eine effektive Strategie zu entwickeln und die richtigen Partner auszuwählen. Unternehmen sollten sorgfältig prüfen, welche Affiliates für ihre Produkte oder Dienstleistungen am besten geeignet sind und welche Provisionen sie anbieten möchten. Affiliates sollten wiederum sicherstellen, dass sie für Produkte oder Dienstleistungen werben, die zu ihren Zielgruppen passen und eine hohe Konversionsrate aufweisen.

ZUSAMMENFASSUNG

Insgesamt ist das Affiliate-Marketing eine effektive Möglichkeit für Unternehmen, ihre Reichweite zu vergrößern und neue Kunden zu gewinnen, während Affiliates von einer zusätzlichen Einnahmequelle profitieren können. Um erfolgreich zu sein, ist es jedoch wichtig, eine effektive Strategie zu entwickeln und sorgfältig die richtigen Partner auszuwählen.

Wie man ein Affiliate-Marketing-Programm für Reiseagenturen aufsetzt

Affiliate-Marketing ist eine großartige Möglichkeit für Reiseagenturen, ihr Geschäft zu erweitern und zusätzliche Einnahmen zu generieren. Wenn Sie ein Affiliate-Marketing-Programm für Ihre Reiseagentur aufsetzen möchten, gibt es einige wichtige Schritte zu beachten.

Der erste Schritt besteht darin, die richtigen Partner zu finden. Sie sollten nach Unternehmen suchen, die mit Ihrer Reiseagentur zusammenarbeiten können, um Ihren Kunden einen Mehrwert zu bieten. Dazu können beispielsweise Hotels, Fluggesellschaften, Reiseversicherungen und Mietwagenunternehmen gehören.

Sobald Sie potentielle Partner gefunden haben, sollten Sie eine Vereinbarung mit ihnen treffen. In dieser Vereinbarung sollten Sie festlegen, wie viel Provision Sie für jeden Verkauf erhalten und welche Bedingungen gelten. Es ist wichtig, dass Sie eine faire Vereinbarung treffen, die für beide Seiten vorteilhaft ist.

Als nächstes müssen Sie sicherstellen, dass Ihre Partner Ihre Produkte und Dienstleistungen verstehen. Sie sollten ihnen alle notwendigen Informationen zur Verfügung stellen, damit sie Ihre Kunden optimal beraten können. Dazu können beispielsweise Produktbeschreibungen, Bilder und Videos gehören.

Sebastian Römischer

Um Ihr Affiliate-Marketing-Programm erfolgreich zu machen, sollten Sie sicherstellen, dass Ihre Partner es einfach finden, Ihre Produkte und Dienstleistungen zu bewerben. Dazu können Sie ihnen spezielle Links und Banner zur Verfügung stellen, die sie auf ihrer Website oder in ihren E-Mails verwenden können.

Schließlich sollten Sie sicherstellen, dass Sie Ihre Partner regelmäßig über Updates und Änderungen informieren. Wenn Sie beispielsweise neue Produkte oder Dienstleistungen anbieten, sollten Sie sicherstellen, dass Ihre Partner darüber informiert sind, damit sie diese bewerben können.

ZUSAMMENFASSUNG

Insgesamt ist Affiliate-Marketing eine großartige Möglichkeit für Reiseagenturen, ihr Geschäft zu erweitern und zusätzliche Einnahmen zu generieren. Wenn Sie diese Schritte befolgen, können Sie ein erfolgreiches Affiliate-Marketing-Programm aufsetzen, das für Ihre Reiseagentur von Vorteil ist.

Best Practices für erfolgreiches Affiliate-Marketing

Affiliate-Marketing ist eine effektive Methode, um online Geld zu verdienen. Es ist jedoch wichtig, dass man die Best Practices kennt, um erfolgreich zu sein. Hier sind einige Tipps, wie Sie Affiliate-Marketing erfolgreich betreiben können:

1. Wählen Sie das richtige Affiliate-Programm aus

Es ist wichtig, dass Sie das richtige Affiliate-Programm wählen. Stellen Sie sicher, dass das Programm zu Ihrem Unternehmen passt und dass die Produkte oder Dienstleistungen, die Sie bewerben, von hoher Qualität sind. Überprüfen Sie auch die Provisionsstruktur und die Bedingungen des Programms.

2. Verwenden Sie die richtigen Affiliate-Tools

Es gibt viele Affiliate-Tools, die Ihnen helfen können, Ihre Kampagnen zu verwalten und zu optimieren. Verwenden Sie Tools wie Tracking-Software, um den Erfolg Ihrer Kampagne zu messen, und Link-Management-Tools, um Links zu verwalten und zu optimieren.

3. Erstellen Sie ansprechende Inhalte

Um erfolgreiches Affiliate-Marketing zu betreiben, müssen Sie ansprechende Inhalte erstellen. Schreiben Sie interessante

Artikel, erstellen Sie Bilder und Videos und nutzen Sie Social-Media, um Ihre Inhalte zu teilen.

4. Nutzen Sie Social-Media

Social-Media ist ein wichtiger Bestandteil des Affiliate-Marketings. Nutzen Sie Plattformen wie Facebook, Twitter und Instagram, um Ihre Inhalte zu teilen und Ihre Zielgruppe zu erreichen.

5. Optimieren Sie Ihre Website

Optimieren Sie Ihre Website, um die Conversion-Rate zu erhöhen. Verwenden Sie Call-to-Action-Buttons, um Ihre Besucher zum Handeln zu motivieren, und optimieren Sie Ihre Landing Pages, um sicherzustellen, dass sie ansprechend und benutzerfreundlich sind.

6. Seien Sie transparent

Seien Sie transparent gegenüber Ihren Kunden und Ihrer Zielgruppe. Machen Sie deutlich, dass Sie eine Provision für die Produkte oder Dienstleistungen erhalten, die Sie bewerben, und stellen Sie sicher, dass Sie nur Produkte bewerben, von denen Sie überzeugt sind.

ZUSAMMENFASSUNG

Affiliate-Marketing kann eine effektive Methode sein, um online Geld zu verdienen. Es ist jedoch wichtig, dass Sie die Best Practices kennen und diese umsetzen. Wählen Sie das richtige Affiliate-Programm aus, verwenden Sie die richtigen Tools, erstellen Sie ansprechende Inhalte, nutzen Sie Social-Media, optimieren Sie Ihre Website und seien Sie transparent. Wenn Sie diese Tipps befolgen, können Sie erfolgreiches Affiliate-Marketing betreiben.

Online-PR

Warum Online-PR für Reiseagenturen wichtig ist

Die Bedeutung von Online-PR für Reiseagenturen kann nicht genug betont werden. In der heutigen digitalen Welt ist es wichtiger denn je, eine starke Online-Präsenz zu haben, um potenzielle Kunden zu erreichen und zu gewinnen. Eine erfolgreiche Online-PR-Strategie kann dazu beitragen, dass Ihre

Social-Media-Marketing für Reiseagenturen - Mehr Kunden gewinnen

Reiseagentur mehr Aufmerksamkeit erhält und Ihre Marke bekannter wird.

Eine der wichtigsten Vorteile von Online-PR für Reiseagenturen ist die Möglichkeit, Ihre Zielgruppe gezielt anzusprechen. Mit Hilfe von Online-PR können Sie Ihre Botschaft an eine bestimmte Zielgruppe richten, die für Ihr Geschäft relevant ist. Durch die Verwendung von Keywords und anderen Optimierungstechniken können Sie sicherstellen, dass Ihre Botschaft von den richtigen Personen gefunden wird.

Ein weiterer Vorteil von Online-PR ist die Möglichkeit, Ihre Glaubwürdigkeit und Reputation zu verbessern. Wenn Sie sich als Experte auf Ihrem Gebiet positionieren und relevante Inhalte teilen, können Sie das Vertrauen Ihrer Zielgruppe gewinnen und Ihre Reputation stärken. Dies kann dazu beitragen, dass potenzielle Kunden Ihnen mehr Vertrauen entgegenbringen und eher bereit sind, Ihre Dienstleistungen in Anspruch zu nehmen.

Darüber hinaus kann Online-PR dazu beitragen, dass Ihre Reiseagentur bei Google und anderen Suchmaschinen besser gefunden wird. Durch die Verwendung von relevanten Keywords und Links in Ihren Pressemitteilungen und anderen Online-Inhalten können Sie Ihre Suchmaschinenoptimierung (SEO) verbessern und Ihre Chancen erhöhen, bei Suchanfragen auf den oberen Plätzen zu erscheinen.

ZUSAMMENFASSUNG

Zusammenfassend lässt sich sagen, dass Online-PR für Reiseagenturen von entscheidender Bedeutung ist, um erfolgreich zu sein. Eine erfolgreiche Online-PR-Strategie kann dazu beitragen, Ihre Marke bekannter zu machen, Ihre Zielgruppe gezielt anzusprechen, Ihre Reputation zu stärken und Ihre Sichtbarkeit bei Google und anderen Suchmaschinen zu verbessern. Wenn Sie als Reiseagentur noch keine Online-PR-Strategie haben, ist es an der Zeit, eine zu entwickeln, um das volle Potenzial Ihrer Marke auszuschöpfen.

Wie man eine Online-PR-Strategie entwickelt

Eine Online-PR-Strategie ist ein wichtiger Bestandteil eines erfolgreichen Social-Media-Marketing Plans. Sie hilft dabei, die Sichtbarkeit und Glaubwürdigkeit Ihres Unternehmens zu verbessern und potenzielle Kunden zu erreichen. Aber wie entwickelt man eine erfolgreiche Online-PR-Strategie? Hier sind einige Schritte, die Ihnen helfen können:

1. Zielgruppenanalyse

Bevor Sie mit der Planung Ihrer Online-PR-Strategie beginnen, sollten Sie sich Gedanken darüber machen, wer Ihre Zielgruppe ist. Wer sind Ihre Kunden und welche Themen sind für sie relevant? Je besser Sie Ihre Zielgruppe kennen, desto gezielter können Sie Ihre PR-Maßnahmen ausrichten.

2. Ziele definieren

Was möchten Sie mit Ihrer Online-PR-Strategie erreichen? Möchten Sie Ihre Bekanntheit steigern, Ihre Reputation verbessern oder direkt mehr Umsatz generieren? Definieren Sie klare Ziele, die Sie mit Ihrer Strategie erreichen möchten.

3. Themen finden

Welche Themen sind für Ihre Zielgruppe interessant? Welche Fragen stellen Ihre Kunden häufig? Finden Sie relevante Themen, die Sie in Ihrer Online-PR-Kampagne aufgreifen können.

4. Kanäle auswählen

Welche Kanäle möchten Sie für Ihre Online-PR-Strategie nutzen? Social-Media, Blogs, Online-Magazine oder klassische Medien?

Wählen Sie die Kanäle aus, die am besten zu Ihrer Zielgruppe und Ihren Zielen passen.

5. Inhalte erstellen

Erstellen Sie Inhalte, die Ihre Zielgruppe ansprechen und informieren. Achten Sie darauf, dass Ihre Inhalte einen Mehrwert bieten und Ihre Expertise unterstreichen.

6. Redaktionsplan erstellen

Erstellen Sie einen Redaktionsplan, der alle Ihre geplanten PR-Maßnahmen enthält. Planen Sie regelmäßige Beiträge und Kampagnen, um Ihre Zielgruppe kontinuierlich zu erreichen.

7. Erfolgsmessung

Überwachen Sie den Erfolg Ihrer Online-PR-Strategie. Nutzen Sie Tools wie Google Analytics, um Ihre Website-Zugriffe und Conversions zu messen. Analysieren Sie regelmäßig die Ergebnisse und passen Sie Ihre Strategie bei Bedarf an.

ZUSAMMENFASSUNG

Eine erfolgreiche Online-PR-Strategie erfordert Zeit und Arbeit, aber es lohnt sich. Durch gezielte PR-Maßnahmen können Sie Ihre Sichtbarkeit erhöhen, Ihre Reputation stärken und potenzielle Kunden erreichen.

Praktische Tipps für erfolgreiche Online-PR

Die Online-PR ist ein wichtiger Bestandteil des Social-Media-Marketings. Sie hilft dabei, das Image und den Bekanntheitsgrad eines Unternehmens zu steigern, sowie das Vertrauen der Kunden zu gewinnen. Im Folgenden finden Sie einige praktische Tipps für erfolgreiche Online-PR.

1. Zielgruppe definieren

Bevor Sie mit Ihrer Online-PR starten, sollten Sie sich über Ihre Zielgruppe im Klaren sein. Wer sind Ihre Kunden? Welche Bedürfnisse haben sie? Welche Kanäle nutzen sie? Diese Informationen helfen Ihnen dabei, Ihre Inhalte zielgerichtet zu gestalten.

2. Inhalte erstellen

Die Inhalte Ihrer Online-PR sollten relevant und interessant für Ihre Zielgruppe sein. Schreiben Sie informative Blogartikel, veröffentlichen Sie Videos oder Infografiken, die Ihre Kunden ansprechen. Achten Sie dabei auf eine ansprechende Gestaltung und eine klare Botschaft.

3. Social-Media nutzen

Social-Media-Kanäle sind ein wichtiger Bestandteil der Online-PR. Veröffentlichen Sie regelmäßig Beiträge auf Facebook, Instagram und Co. und interagieren Sie mit Ihrer Zielgruppe. Nutzen Sie auch gezielt Werbung, um Ihre Reichweite zu erhöhen.

4. Pressemitteilungen verfassen

Pressemitteilungen sind eine effektive Möglichkeit, um über Neuigkeiten und Entwicklungen in Ihrem Unternehmen zu informieren. Verfassen Sie regelmäßig Pressemitteilungen und versenden Sie diese an relevante Medien.

Sebastian Römischer

5. Influencer Marketing

Influencer können Ihnen helfen, Ihre Online-PR zu verbessern. Suchen Sie sich Influencer, die Ihre Zielgruppe ansprechen und arbeiten Sie mit ihnen zusammen. Sie können z.B. Produkttests oder Sponsored Posts auf deren Kanälen durchführen.

6. Monitoring und Analyse

Überwachen Sie regelmäßig, wie Ihre Online-PR bei Ihrer Zielgruppe ankommt. Nutzen Sie dafür Tools wie Google Analytics oder Social-Media-Monitoring Tools. Analysieren Sie die Ergebnisse und passen Sie Ihre Strategie gegebenenfalls an.

ZUSAMMENFASSUNG

Mit diesen Tipps können Sie Ihre Online-PR erfolgreich gestalten und Ihre Zielgruppe erreichen. Achten Sie dabei immer darauf, dass Ihre Inhalte relevant und ansprechend für Ihre Kunden sind.

Conversion-Optimierung

Was ist Conversion-Optimierung?

Bei der Conversion-Optimierung geht es darum, die Besucher Ihrer Website zu Kunden zu machen. Sie wollen Ihre Website-Besucher dazu bringen, eine bestimmte Aktion auszuführen – sei es, ein Produkt zu kaufen, sich für einen Newsletter anzumelden oder ein Kontaktformular auszufüllen.

Die Conversion-Optimierung ist ein wichtiger Bestandteil des Online-Marketings. Denn wenn Sie es schaffen, mehr Besucher zu Kunden zu machen, steigern Sie Ihren Umsatz und Ihre Gewinne.

Um die Conversion-Rate zu erhöhen, gibt es verschiedene Maßnahmen, die Sie ergreifen können. Eine Möglichkeit ist, Ihre Website benutzerfreundlicher zu gestalten. Sie sollten sicherstellen, dass Ihre Website schnell lädt, übersichtlich ist und eine klare Navigation hat.

Ein weiterer wichtiger Faktor ist der Inhalt Ihrer Website. Sie sollten sicherstellen, dass Ihre Website relevante und ansprechende Inhalte bietet, die Ihre Zielgruppe ansprechen.

Auch der Einsatz von Call-to-Actions kann die Conversion-Rate erhöhen. Ein Call-to-Action ist eine Aufforderung an den Besucher, eine bestimmte Aktion auszuführen – zum Beispiel, ein Produkt zu kaufen oder sich für einen Newsletter anzumelden.

Um die Wirksamkeit Ihrer Conversion-Maßnahmen zu messen, sollten Sie Ihre Website regelmäßig analysieren. Hierbei können Webanalyse-Tools wie Google Analytics helfen. Diese Tools ermöglichen es Ihnen, die Besucherzahlen und die Conversion-Rate Ihrer Website zu überwachen und zu optimieren.

ZUSAMMENFASSUNG

Insgesamt ist die Conversion-Optimierung ein wichtiger Bestandteil des Online-Marketings. Wenn Sie es schaffen, Ihre Besucher zu Kunden zu machen, können Sie Ihren Umsatz und Ihre Gewinne steigern. Durch die gezielte Optimierung Ihrer Website können Sie Ihre Conversion-Rate erhöhen und so Ihre Marketingziele erreichen.

Wie man die Conversion-Rate einer Reiseagentur-Website erhöht

In der heutigen digitalen Welt ist es für Reiseagenturen unerlässlich, eine starke Online-Präsenz zu haben, um Kunden zu gewinnen und zu halten. Eine wichtige Kennzahl, die den Erfolg Ihrer Website bestimmt, ist die Conversion-Rate. Die Conversion-Rate zeigt das Verhältnis zwischen Besuchern Ihrer Website und denjenigen, die zu zahlenden Kunden werden. Wenn Ihre Conversion-Rate niedrig ist, bedeutet dies, dass Ihre Website nicht effektiv genug ist, um Besucher zu Kunden zu machen. Hier sind einige Tipps, wie Sie die Conversion-Rate Ihrer Reiseagentur-Website erhöhen können.

1. Optimieren Sie Ihre Website für Suchmaschinen

Suchmaschinenoptimierung (SEO) ist ein wichtiger Faktor für den Erfolg Ihrer Website. Sie sollten sicherstellen, dass Ihre Website für relevante Suchbegriffe optimiert ist und dass Ihre Inhalte suchmaschinenfreundlich sind. Verwenden Sie aussagekräftige Titel und Meta-Beschreibungen, um Ihre Website in den Suchergebnissen besser zu positionieren.

2. Verbessern Sie die Benutzerfreundlichkeit Ihrer Website

Eine benutzerfreundliche Website ist ein Muss, um Besucher zu Kunden zu machen. Stellen Sie sicher, dass Ihre Website einfach zu navigieren ist und dass wichtige Informationen leicht zugänglich sind. Verwenden Sie klare Call-to-Actions, um Besucher zum Handeln zu bewegen. Eine schnelle Ladezeit ist ebenfalls wichtig, um die Nutzererfahrung zu verbessern.

3. Nutzen Sie Social-Media-Marketing

Social-Media-Marketing ist eine effektive Möglichkeit, um Ihre Reichweite zu vergrößern und potenzielle Kunden anzusprechen. Veröffentlichen Sie regelmäßig interessante Inhalte auf Ihren Social-Media-Kanälen und interagieren Sie mit Ihren Followern. Verwenden Sie Social-Media-Werbung, um Ihre Zielgruppe gezielt anzusprechen.

4. Nutzen Sie E-Mail-Marketing

E-Mail-Marketing ist eine weitere Möglichkeit, um potenzielle Kunden anzusprechen und zu konvertieren. Verwenden Sie eine klare, ansprechende Betreffzeile und einen personalisierten Anrede, um die Aufmerksamkeit Ihrer Empfänger zu gewinnen. Stellen Sie sicher, dass Ihre E-Mails relevant und nützlich sind und dass Sie klare Call-to-Actions haben.

5. Verwenden Sie Conversion-Optimierungstechniken

Es gibt verschiedene Conversion-Optimierungstechniken, die Sie verwenden können, um Ihre Conversion-Rate zu erhöhen. Verwenden Sie A/B-Tests, um verschiedene Versionen Ihrer Website zu testen und zu optimieren. Verwenden Sie Pop-up-Fenster, um Besucher zum Handeln zu bewegen. Stellen Sie sicher, dass Ihre Checkout-Seite einfach und benutzerfreundlich ist.

ZUSAMMENFASSUNG

Durch die Umsetzung dieser Tipps können Sie die Conversion-Rate Ihrer Reiseagentur-Website erhöhen und mehr Kunden gewinnen. Verpassen Sie nicht die Chance, Ihre Online-Präsenz zu verbessern und Ihr Geschäft zu steigern.

Best Practices für erfolgreiche Conversion-Optimierung

Die Conversion-Optimierung ist ein entscheidender Faktor für den Erfolg Ihrer Online-Präsenz. Wenn Sie Ihre Websitebesucher in Kunden umwandeln möchten, müssen Sie sicherstellen, dass Ihre Website optimal gestaltet ist. In diesem Kapitel erfahren Sie, wie Sie Ihre Conversion-Rate steigern können.

1. Testen Sie Ihre Website

Ein grundlegender Schritt bei der Conversion-Optimierung ist es, Ihre Website regelmäßig zu testen. Nutzen Sie A/B-Tests, um verschiedene Versionen Ihrer Website zu vergleichen und herauszufinden, welche besser funktioniert. Testen Sie Ihre Call-to-Action-Buttons, das Layout, die Farben und andere Elemente, um herauszufinden, was Ihre Besucher anspricht.

2. Nutzen Sie ansprechende Bilder

Bilder können eine starke Wirkung auf Ihre Besucher haben und sie dazu bringen, Ihre Website länger zu besuchen und sich mehr mit Ihrem Angebot zu beschäftigen. Nutzen Sie daher

ansprechende Bilder und achten Sie darauf, dass diese gut
platziert sind.

3. Vereinfachen Sie Ihre Formulare

Formulare können ein Hindernis für Ihre Besucher darstellen,
wenn diese zu kompliziert oder zu lang sind. Vereinfachen Sie
Ihre Formulare und reduzieren Sie die Anzahl der Pflichtfelder.
Eine gute Möglichkeit, um die Conversion-Rate zu steigern, ist
es, Ihre Besucher nach dem Ausfüllen des Formulars auf eine
Dankesseite weiterzuleiten.

4. Nutzen Sie Social Proof

Social Proof ist ein mächtiges Instrument, um die
Conversion-Rate zu steigern. Zeigen Sie auf Ihrer Website
zufriedene Kundenbewertungen oder Auszeichnungen, um das
Vertrauen Ihrer Besucher zu gewinnen.

5. Verwenden Sie klare Call-to-Actions

Call-to-Actions sind der Schlüssel zur Conversion-Optimierung.
Stellen Sie sicher, dass Ihre Call-to-Actions klar und deutlich zu

sehen sind und dass sie Ihre Besucher dazu auffordern, Ihre gewünschte Handlung auszuführen.

6. Verbessern Sie Ihre Ladezeiten

Die Ladezeit Ihrer Website hat einen großen Einfluss auf die Conversion-Rate. Stellen Sie sicher, dass Ihre Website schnell geladen wird, um Ihre Besucher nicht zu verlieren.

7. Nutzen Sie Testimonials

Testimonials sind eine weitere Möglichkeit, um das Vertrauen Ihrer Besucher zu gewinnen. Zeigen Sie auf Ihrer Website zufriedene Kundenbewertungen oder Referenzen, um Ihre Glaubwürdigkeit zu erhöhen.

8. Achten Sie auf die mobile Optimierung

Immer mehr Menschen nutzen mobile Geräte, um auf Websites zuzugreifen. Stellen Sie sicher, dass Ihre Website für mobile Geräte optimiert ist und dass sie auf allen Geräten gut aussieht und funktioniert.

ZUSAMMENFASSUNG

Die Conversion-Optimierung ist ein kontinuierlicher Prozess, der ständige Anpassungen und Tests erfordert. Nutzen Sie die oben genannten Best Practices, um Ihre Conversion-Rate zu steigern und Ihre Websitebesucher in Kunden umzuwandeln.

Mobile-Marketing

Warum Mobile-Marketing für Reiseagenturen wichtig ist

In der heutigen Zeit, in der fast jeder ein Smartphone besitzt, ist Mobile-Marketing für Reiseagenturen von entscheidender Bedeutung. Es ist eine Tatsache, dass die meisten Menschen ihr Smartphone überallhin mitnehmen und es ständig bei sich tragen. Dies bedeutet, dass sie jederzeit und überall auf Angebote von Reiseagenturen zugreifen können, wenn sie auf ihren mobilen Geräten verfügbar sind.

Mobile-Marketing bietet Reiseagenturen eine Möglichkeit, ihre Zielgruppe direkt und persönlich anzusprechen. Durch die Verwendung von gezielten Anzeigen und Push-Benachrichtigungen können Reiseagenturen potenzielle

Social-Media-Marketing für Reiseagenturen - Mehr Kunden gewinnen

Kunden auf ihre Angebote aufmerksam machen und sie dazu anregen, eine Buchung zu tätigen. Darüber hinaus können Reiseagenturen mobile Apps entwickeln, die es ihren Kunden ermöglichen, Buchungen direkt von ihrem Smartphone aus vorzunehmen.

Eine weitere wichtige Funktion des Mobile-Marketings für Reiseagenturen ist die Möglichkeit, Standortbasierte Dienste zu nutzen. Durch die Verwendung von GPS-Technologie können Reiseagenturen ihren Kunden personalisierte Angebote basierend auf ihrem aktuellen Standort anbieten. Wenn beispielsweise ein Kunde in der Nähe eines Flughafens ist, kann ihm eine spezielle Angebotspalette für Flüge angeboten werden.

Mobile-Marketing bietet auch die Möglichkeit, soziale Medien und andere digitale Kanäle effektiv zu nutzen. Durch die Verwendung von Social-Media-Plattformen wie Facebook, Twitter und Instagram können Reiseagenturen ihre Angebote schnell und einfach an Millionen von Nutzern weitergeben. Über Mobile-Marketing können auch E-Mail-Marketing-Kampagnen und andere digitale Marketing-Strategien effektiver gestaltet werden.

Schließlich ist Mobile-Marketing auch ein wichtiger Faktor bei der Verbesserung der Kundenbindung. Durch die Verwendung von mobilen Apps können Reiseagenturen ihren Kunden personalisierte Angebote und Gutscheine anbieten, um ihre Loyalität zu belohnen und sie zu halten.

Sebastian Römischer

ZUSAMMENFASSUNG

Insgesamt ist Mobile-Marketing für Reiseagenturen unerlässlich, um in der heutigen digitalen Welt erfolgreich zu sein. Es bietet Reiseagenturen die Möglichkeit, ihre Zielgruppe direkt und persönlich anzusprechen und ihre Marketing-Strategien effektiver zu gestalten. Reiseagenturen, die Mobile-Marketing ignorieren, riskieren, von der Konkurrenz überholt zu werden und potenzielle Kunden zu verlieren. Es ist daher unerlässlich, dass Reiseagenturen Mobile-Marketing in ihre Marketing-Strategien integrieren, um erfolgreich zu sein.

Die verschiedenen Kanäle des Mobile-Marketings

Die verschiedenen Kanäle des Mobile-Marketings sind ein wichtiger Bestandteil einer erfolgreichen Marketing-Strategie. In der heutigen Zeit, in der fast jeder ein Smartphone besitzt, ist es unerlässlich, dass Unternehmen ihre Marketingaktivitäten auch auf mobile Geräte ausrichten. Mobiles Marketing umfasst alle Werbemaßnahmen, die auf mobilen Endgeräten wie Smartphones und Tablets durchgeführt werden.

Eine Möglichkeit des Mobile-Marketings ist die Entwicklung von Apps. Apps sind speziell für mobile Geräte entwickelte Anwendungen, die auf Smartphones und Tablets heruntergeladen und genutzt werden können. Unternehmen können eigene Apps entwickeln, um ihre Produkte und Dienstleistungen zu bewerben oder um den Kunden ein besonderes Erlebnis zu bieten. Eine App kann auch als Verkaufsinstrument dienen, indem sie den Kunden den Kauf von Produkten oder Dienstleistungen direkt über die App ermöglicht.

Eine weitere Möglichkeit des Mobile-Marketings ist die Optimierung der eigenen Website für mobile Geräte. Die Website sollte so gestaltet sein, dass sie auf allen Geräten optimal dargestellt wird und eine einfache Navigation ermöglicht. Eine mobil optimierte Website erhöht die Wahrscheinlichkeit, dass der Kunde auf der Seite bleibt und sich mit den angebotenen Produkten und Dienstleistungen auseinandersetzt.

SMS-Marketing ist ebenfalls eine Möglichkeit des Mobile-Marketings. Über SMS können Unternehmen gezielte Werbebotschaften an ihre Kunden senden. Diese sollten allerdings nicht als Spam empfunden werden, sondern dem Kunden einen Mehrwert bieten.

Auch QR-Codes können im Mobile-Marketing eingesetzt werden. QR-Codes sind zweidimensionale Codes, die mit dem Smartphone gescannt werden können. Über den QR-Code kann der Kunde auf eine Website weitergeleitet werden oder Zusatzinformationen zu einem Produkt oder einer Dienstleistung erhalten.

Sebastian Römischer

ZUSAMMENFASSUNG

Mobiles Marketing bietet Unternehmen viele Möglichkeiten, um ihre Zielgruppe zu erreichen und den Kunden ein besonderes Erlebnis zu bieten. Es ist wichtig, dass Unternehmen ihre Marketing-Strategie auch auf mobile Geräte ausrichten, um wettbewerbsfähig zu bleiben.

Praktische Tipps für erfolgreiches Mobile-Marketing

Mobile-Marketing ist heutzutage ein wichtiger Bestandteil jeder Marketing-Strategie. Mit der wachsenden Anzahl von Smartphone-Nutzern ist es unvermeidlich geworden, dass Unternehmen mobile Geräte in ihre Marketing-Strategie integrieren. Mobile-Marketing ist jedoch nicht nur ein Trend, sondern eine Notwendigkeit, um das Potential potenzieller Kunden zu maximieren. Hier sind einige praktische Tipps, wie Sie erfolgreiches Mobile-Marketing betreiben können:

1. Optimieren Sie Ihre Website für mobile Geräte

Die Mehrheit der Internetnutzer besucht Websites über mobile Geräte. Daher ist es wichtig, dass Ihre Website für mobile Geräte optimiert ist. Achten Sie darauf, dass Ihre Website auf mobilen Geräten schnell lädt und die Navigation einfach ist. Verwenden Sie eine responsive Designvorlage und stellen Sie sicher, dass Ihre Website auf allen Geräten einwandfrei funktioniert.

2. Nutzen Sie gezieltes Mobile Advertising

Mobile Werbung ist eine effektive Möglichkeit, um Ihre Zielgruppe zu erreichen. Stellen Sie sicher, dass Ihre Anzeigen auf die Bedürfnisse Ihrer Zielgruppe zugeschnitten sind und messen Sie den Erfolg Ihrer Anzeigen regelmäßig. So können Sie Ihre Anzeigen optimieren und den ROI maximieren.

3. Erstellen Sie mobile Apps

Mobile Apps sind eine hervorragende Möglichkeit, um Kunden zu binden und einzigartige Erlebnisse zu schaffen. Erstellen Sie eine App, die Ihre Kunden anspricht und ihnen einen Mehrwert bietet. Achten Sie darauf, dass Ihre App einfach zu bedienen ist und regelmäßig aktualisiert wird.

4. Verwenden Sie SMS-Marketing

SMS-Marketing ist eine effektive Möglichkeit, um direkt mit Ihren Kunden zu kommunizieren. Stellen Sie sicher, dass Ihre SMS-Botschaften personalisiert sind und einen klaren Call-to-Action enthalten. Vermeiden Sie es, zu viele SMS zu senden, um potenzielle Kunden nicht zu belästigen.

5. Nutzen Sie Location-Based Services

Location-Based-Services sind eine großartige Möglichkeit, um potenzielle Kunden in der Nähe zu erreichen. Erstellen Sie Angebote und Gutscheine, die auf die Standorte Ihrer Kunden zugeschnitten sind. Verwenden Sie Location-Based Services, um Ihre Kunden über aktuelle Angebote und Veranstaltungen zu informieren.

ZUSAMMENFASSUNG

Mobile-Marketing ist ein wichtiger Bestandteil jeder Marketing-Strategie. Mit der wachsenden Anzahl von Smartphone-Nutzern ist es unvermeidlich geworden, dass Unternehmen mobile Geräte in ihre Marketing-Strategie integrieren. Achten Sie darauf, dass Ihre Website für mobile

Geräte optimiert ist, nutzen Sie gezieltes Mobile Advertising, erstellen Sie mobile Apps, verwenden Sie SMS-Marketing und nutzen Sie Location-Based-Services, um potenzielle Kunden in der Nähe zu erreichen. So können Sie das Potential potenzieller Kunden maximieren und Ihre Marketing-Strategie erfolgreich gestalten.

Video-Marketing

Warum Video-Marketing für Reiseagenturen wichtig ist

In der heutigen Zeit ist das Video-Marketing eine der wichtigsten Marketing-Strategien. Es ist eine effektive Möglichkeit, potenzielle Kunden auf eine visuelle und interessante Weise anzusprechen. Für Reiseagenturen ist Video-Marketing ein Muss, um in der hart umkämpften Reisebranche erfolgreich zu sein. Warum? Hier sind einige Gründe:

1. Videos sind ansprechender als Texte

Die meisten Menschen bevorzugen es, ein Video anzusehen, anstatt lange Texte zu lesen. Videos sind visuell ansprechender und können Emotionen und Eindrücke besser vermitteln. Reiseagenturen können Videos nutzen, um Reiseziele und Erfahrungen zu präsentieren und die Aufmerksamkeit potenzieller Kunden zu gewinnen.

2. Videos können Vertrauen aufbauen

Reiseagenturen können Videos nutzen, um Vertrauen bei potenziellen Kunden aufzubauen. Sie können zum Beispiel Reiseleiter oder Kundenfeedback präsentieren, um zu zeigen, dass sie zuverlässig sind und eine gute Erfahrung bieten.

3. Videos können helfen, Kunden zu überzeugen

In der Reisebranche geht es oft um die Überzeugung von Kunden, eine bestimmte Reise zu buchen. Videos können dabei helfen, indem sie das Reiseziel und die Erfahrung lebendig machen. Reiseagenturen können zum Beispiel Videos von Aktivitäten, Sehenswürdigkeiten und Landschaften präsentieren, um potenzielle Kunden zu überzeugen.

4. Videos können auf verschiedenen Plattformen geteilt werden

Videos können auf verschiedenen Plattformen geteilt werden, wie zum Beispiel auf YouTube, Facebook, Instagram oder der eigenen Website. Dadurch können Reiseagenturen eine größere Reichweite erzielen und potenzielle Kunden auf verschiedenen Kanälen ansprechen.

5. Videos können helfen, Kunden zu binden

Reiseagenturen können Videos nutzen, um Kunden zu binden. Sie können zum Beispiel Videos von vergangenen Kundenreisen oder von Reisezielen präsentieren, um Kunden zu inspirieren und zu motivieren, erneut zu buchen.

ZUSAMMENFASSUNG

Insgesamt ist das Video-Marketing eine wichtige Strategie für Reiseagenturen, um potenzielle Kunden anzusprechen, zu überzeugen und zu binden. Reiseagenturen sollten daher in Videos investieren, um in der hart umkämpften Reisebranche erfolgreich zu sein.

Wie man eine Video-Marketing-Strategie entwickelt

Video-Marketing ist in der heutigen Geschäftswelt zu einem absoluten Muss geworden, insbesondere im Bereich des digitalen Marketings. Es ist eine effektive Möglichkeit, die Aufmerksamkeit potenzieller Kunden auf sich zu ziehen und das Markenbewusstsein zu steigern. Eine gut durchdachte Video-Marketing-Strategie kann Ihrem Unternehmen helfen, Ihre Zielgruppe zu erreichen und das Engagement und die Verkäufe zu steigern. In diesem Kapitel werden wir uns damit beschäftigen, wie Sie eine effektive Video-Marketing-Strategie entwickeln können.

1. Definieren Sie Ihre Ziele

Bevor Sie mit der Erstellung von Videos beginnen, müssen Sie sich darüber im Klaren sein, welche Ziele Sie erreichen möchten. Möchten Sie Ihr Markenbewusstsein steigern, neue Kunden gewinnen, das Engagement steigern oder Ihr Unternehmen als Experte in Ihrem Bereich positionieren? Stellen Sie sicher, dass Ihre Ziele spezifisch, messbar, erreichbar, relevant und zeitgebunden sind.

2. Bestimmen Sie Ihre Zielgruppe

Um eine effektive Video-Marketing-Strategie zu entwickeln, müssen Sie Ihre Zielgruppe verstehen. Wer sind Ihre Kunden und was sind ihre Interessen, Bedürfnisse und Herausforderungen? Berücksichtigen Sie auch, wo und wie sie Videos konsumieren.

3. Entwickeln Sie Ihre Botschaften

Ihre Videos sollten Ihre Botschaften klar und präzise kommunizieren. Stellen Sie sicher, dass Ihre Videos informativ, unterhaltsam und relevant sind. Vermeiden Sie es, zu werblich zu sein, und konzentrieren Sie sich stattdessen darauf, wertvolle Informationen bereitzustellen.

4. Wählen Sie die richtigen Plattformen

Es gibt verschiedene Plattformen, auf denen Sie Ihre Videos teilen können, wie YouTube, Facebook, Instagram, LinkedIn und Twitter. Wählen Sie die Plattformen aus, auf denen Ihre Zielgruppe am meisten aktiv ist, und passen Sie den Inhalt an die jeweilige Plattform an.

5. Erstellen Sie einen Inhaltsplan

Erstellen Sie einen Inhaltsplan, der die Themen und Arten von Videos umfasst, die Sie erstellen möchten. Stellen Sie sicher, dass Ihre Videos Ihre Botschaften und Ziele unterstützen und Ihre Zielgruppe ansprechen.

6. Produzieren Sie hochwertige Videos

Produzieren Sie Videos von hoher Qualität, die professionell aussehen und sich anhören. Verwenden Sie eine gute Beleuchtung, Audio- und Videogeräte und bearbeiten Sie die Videos, um sie ansprechender zu gestalten.

7. Analysieren und optimieren Sie Ihre Videos

Analysieren Sie die Leistung Ihrer Videos und optimieren Sie sie entsprechend. Verwenden Sie Tools wie Google Analytics und YouTube Analytics, um das Engagement, die Ansichten und die Konversionsraten zu verfolgen. Verwenden Sie diese Informationen, um Ihre Video-Marketing-Strategie zu verbessern.

Sebastian Römischer

ZUSAMMENFASSUNG

Eine effektive Video-Marketing-Strategie kann Ihrem Unternehmen dabei helfen, Ihre Zielgruppe zu erreichen und das Engagement und die Verkäufe zu steigern. Indem Sie Ihre Ziele definieren, Ihre Zielgruppe verstehen, Ihre Botschaften entwickeln, die richtigen Plattformen wählen, einen Inhaltsplan erstellen, hochwertige Videos produzieren und analysieren und optimieren, können Sie eine erfolgreiche Video-Marketing-Strategie entwickeln und Ihr Geschäft vorantreiben.

Praktische Tipps für erfolgreiches Video-Marketing

Im heutigen digitalen Zeitalter ist Video-Marketing eine der effektivsten Methoden, um Kunden und Interessenten zu erreichen und zu binden. Videos können eine Vielzahl von Informationen in einer ansprechenden und unterhaltsamen Art und Weise vermitteln, die das Interesse des Betrachters weckt und ihn dazu bringt, sich länger mit Ihrem Unternehmen und Ihren Produkten zu beschäftigen. Um Ihnen zu helfen, ein erfolgreiches Video-Marketing zu betreiben, haben wir einige praktische Tipps zusammengestellt:

Sebastian Römischer

1. Planen Sie Ihre Videos sorgfältig

Bevor Sie mit der Produktion beginnen, sollten Sie sich Gedanken darüber machen, welche Informationen Sie vermitteln möchten und welches Ziel Sie verfolgen. Eine sorgfältige Planung hilft Ihnen, Zeit und Ressourcen zu sparen und sicherzustellen, dass Ihre Videos effektiv sind.

2. Seien Sie authentisch

Ihre Videos sollten Ihre Marke und Ihre Persönlichkeit widerspiegeln. Seien Sie authentisch und lassen Sie Ihre Mitarbeiter und Kunden zu Wort kommen, um eine persönliche Note zu verleihen.

3. Achten Sie auf die Qualität

Die Qualität Ihrer Videos ist entscheidend für den Erfolg. Achten Sie darauf, dass Ihre Videos gut beleuchtet, gut geschnitten und klar verständlich sind. Verwenden Sie hochwertige Kameras und Mikrofone, um ein professionelles Ergebnis zu erzielen.

4. Nutzen Sie Social-Media

Social-Media ist ein großartiger Ort, um Ihre Videos zu teilen und Ihre Zielgruppe zu erreichen. Veröffentlichen Sie Ihre Videos auf den wichtigsten Plattformen wie Facebook, Instagram und YouTube und nutzen Sie Hashtags, um Ihre Reichweite zu erhöhen.

5. Verwenden Sie Call-to-Actions

In Ihren Videos sollten Sie immer einen Handlungsaufruf (Call-to-Action) integrieren, um den Betrachter dazu zu bringen, weitere Schritte zu unternehmen. Dies kann eine Anmeldung zum Newsletter, der Besuch Ihrer Website oder der Kauf Ihres Produkts sein.

6. Testen Sie verschiedene Formate

Es gibt eine Vielzahl von Videoformaten, die Sie ausprobieren können, wie zum Beispiel Tutorials, Interviews oder animierte Erklärvideos. Testen Sie verschiedene Formate, um herauszufinden, was bei Ihrer Zielgruppe am besten ankommt.

7. Analysieren Sie Ihre Ergebnisse

Verfolgen Sie die Performance Ihrer Videos und analysieren Sie die Ergebnisse. Nutzen Sie Tools wie Google Analytics, um zu sehen, wie viele Views, Klicks und Conversions Ihre Videos generieren.

ZUSAMMENFASSUNG

Insgesamt ist Video-Marketing eine effektive Methode, um Kunden und Interessenten zu erreichen und zu binden. Mit den oben genannten Tipps können Sie sicherstellen, dass Ihre Videos erfolgreich sind und Ihre Zielgruppe erreichen.

Webanalyse

Warum Webanalyse für Reiseagenturen wichtig ist

In der heutigen digitalen Welt ist es für Reiseagenturen unerlässlich, ihre Online-Präsenz zu optimieren, um mehr

Social-Media-Marketing für Reiseagenturen - Mehr Kunden gewinnen

Kunden zu gewinnen. Eine der wichtigsten Komponenten dieser Optimierung ist die Webanalyse.

Webanalyse ist ein Prozess, der es ermöglicht, das Verhalten der Besucher auf einer Website zu verfolgen und zu analysieren. Durch die Analyse von Daten wie Seitenaufrufen, Verweildauer auf der Website, Klicks und Conversions können Reiseagenturen wertvolle Einblicke in das Nutzerverhalten gewinnen. Diese Erkenntnisse können zur Verbesserung der Website-Usability und zur Optimierung von Online-Marketing-Kampagnen genutzt werden.

Durch die Nutzung von Webanalyse-Tools können Reiseagenturen auch das Nutzerverhalten auf ihren Social-Media-Plattformen verfolgen und analysieren. So können sie feststellen, welche Inhalte bei den Nutzern beliebt sind und welche nicht. Diese Erkenntnisse können für die Erstellung von zielgerichtetem Content genutzt werden, um die Interaktion mit den Nutzern zu fördern und die Markenbekanntheit zu steigern.

Ein weiterer wichtiger Aspekt der Webanalyse für Reiseagenturen ist die Möglichkeit, die Effektivität von Online-Marketing-Kampagnen zu messen. Durch die Analyse von Daten wie Klicks, Conversions und Kosten pro Klick können Reiseagenturen feststellen, welche Kampagnen am erfolgreichsten sind und welche angepasst werden müssen.

Sebastian Römischer

ZUSAMMENFASSUNG

Insgesamt ist die Webanalyse für Reiseagenturen von großer Bedeutung, da sie wertvolle Einblicke in das Nutzerverhalten und die Effektivität von Online-Marketing-Kampagnen bietet. Durch die Nutzung von Webanalyse-Tools können Reiseagenturen ihre Online-Präsenz optimieren und mehr Kunden gewinnen.

Die wichtigsten Kennzahlen für die Webanalyse

Die Webanalyse ist eine der wichtigsten Maßnahmen im Online-Marketing. Sie ermöglicht es Unternehmen, ihre Website und Online-Kampagnen zu optimieren, indem sie Daten über das Verhalten der Nutzer auf der Website sammeln und analysieren. In diesem Kapitel werden die wichtigsten Kennzahlen für die Webanalyse vorgestellt.

1. Besucherzahl

Die Besucherzahl ist eine der grundlegenden Kennzahlen in der Webanalyse. Sie zeigt, wie viele Besucher die Website in einem bestimmten Zeitraum besucht haben. Diese Kennzahl gibt einen ersten Hinweis darauf, wie beliebt die Website ist und wie groß das Potenzial für weitere Besucher ist.

2. Seitenaufrufe

Die Seitenaufrufe zeigen, wie viele Seiten die Besucher auf der Website angesehen haben. Diese Kennzahl gibt Aufschluss darüber, welche Inhalte auf der Website besonders beliebt sind und wie gut die Nutzer die Website navigieren können.

3. Absprungrate

Die Absprungrate zeigt, wie viele Besucher die Website nach dem Besuch einer Seite wieder verlassen haben, ohne weitere Seiten anzusehen. Eine hohe Absprungrate kann ein Indiz dafür sein, dass die Inhalte auf der Website nicht relevant genug sind oder die Nutzer Schwierigkeiten bei der Navigation haben.

4. Verweildauer

Die Verweildauer zeigt, wie viel Zeit die Besucher auf der Website verbracht haben. Eine hohe Verweildauer kann ein Indiz dafür sein, dass die Inhalte auf der Website relevant und interessant sind.

5. Conversion-Rate

Die Conversion-Rate zeigt, wie viele Besucher eine bestimmte Aktion auf der Website durchgeführt haben, wie beispielsweise den Kauf eines Produkts oder das Ausfüllen eines Kontaktformulars. Eine hohe Conversion-Rate ist ein Indiz dafür, dass die Website gut konzipiert ist und die Nutzer schnell und einfach die gewünschte Aktion durchführen können.

ZUSAMMENFASSUNG

Die Webanalyse ist ein wichtiger Bestandteil des Online-Marketings. Durch die Analyse der Kennzahlen können Unternehmen ihre Website und Online-Kampagnen optimieren und so mehr Besucher und Kunden gewinnen. Die genannten Kennzahlen sind dabei nur eine Auswahl der möglichen Kennzahlen. Je nach Zielsetzung und Strategie des Unternehmens können weitere Kennzahlen relevant sein.

Wie man die Webanalyse für die Optimierung von Marketing-Maßnahmen nutzt

Webanalyse ist ein wichtiger Bestandteil des Online-Marketings, da sie Unternehmen dabei hilft, die Effektivität ihrer

Marketing-Maßnahmen zu messen und zu optimieren. Die Webanalyse umfasst die Erfassung, Analyse und Interpretation von Daten, die auf der Website eines Unternehmens generiert werden.

Um die Webanalyse für die Optimierung von Marketing-Maßnahmen nutzen zu können, müssen Unternehmen zunächst Ziele definieren, die sie mit ihrer Website und ihren Marketing-Aktivitäten erreichen möchten. Diese Ziele können beispielsweise die Steigerung der Website-Besucherzahl, die Erhöhung der Konversionsrate oder die Verbesserung der Kundenbindung sein.

Anschließend sollten Unternehmen Tools zur Webanalyse einsetzen, wie beispielsweise Google Analytics. Diese Tools ermöglichen es Unternehmen, verschiedene Metriken zu verfolgen, wie beispielsweise die Anzahl der Website-Besucher, die Verweildauer auf der Website, die Absprungrate und die Konversionsrate.

Durch die Analyse dieser Metriken können Unternehmen herausfinden, welche Marketingmaßnahmen erfolgreich sind und welche nicht. Sie können auch herausfinden, welche Seiten auf ihrer Website am beliebtesten sind und welche Seiten Verbesserungen benötigen.

Ein weiterer wichtiger Aspekt der Webanalyse ist die Segmentierung von Daten. Durch die Segmentierung können

Unternehmen bestimmte Zielgruppen identifizieren und ihr Verhalten auf der Website analysieren. Dies kann dazu beitragen, personalisierte Marketing-Maßnahmen zu entwickeln, die auf die Bedürfnisse und Interessen dieser Zielgruppen abgestimmt sind.

Um die Webanalyse für die Optimierung von Marketing-Maßnahmen effektiv zu nutzen, sollten Unternehmen regelmäßig Berichte erstellen und ihre Daten überwachen. Sie sollten auch A/B-Tests durchführen, um herauszufinden, welche Änderungen auf ihrer Website zu einer höheren Konversionsrate führen.

ZUSAMMENFASSUNG

Insgesamt ist die Webanalyse ein unverzichtbares Instrument für Unternehmen, die ihre Marketingmaßnahmen optimieren möchten. Durch die Nutzung von Tools zur Webanalyse und die regelmäßige Überwachung von Daten können Unternehmen ihre Marketing-Maßnahmen verbessern und ihre Ziele effektiver erreichen.

FAZIT

Die Digitalisierung hat unsere Welt und auch die Art und Weise, wie wir reisen, revolutioniert. Social-Media-Marketing ist ein wichtiger Teil dieser digitalen Revolution und bietet Reiseagenturen immense Möglichkeiten, um ihre Reichweite zu erhöhen und neue Kunden zu gewinnen.

Ein Ausblick auf die zukünftigen Entwicklungen im Bereich Social-Media-Marketing zeigt, dass die Bedeutung von Social-Media für Reiseagenturen weiterhin steigen wird. Die Nutzung von sozialen Netzwerken wie Facebook, Instagram, Twitter und Co. wird sich weiterhin als wichtiger Kanal für die Kundenkommunikation und Kundenbindung etablieren.

Im Bereich Suchmaschinenoptimierung (SEO) wird sich ein Schwerpunkt auf das Thema Lokaloptimierung fokussieren. Reiseagenturen sollten ihre lokalen Suchmaschinenergebnisse verbessern, um mehr Sichtbarkeit zu erlangen. Mobile Suchanfragen und die Verwendung von Google Maps werden ebenfalls an Bedeutung gewinnen.

Social-Media-Marketing wird weiterhin stark von visuellen Inhalten geprägt sein. Reiseagenturen sollten verstärkt auf die Erstellung von hochwertigen Videos und Bildern setzen, um ihre Zielgruppe zu begeistern und eine emotionale Bindung

Social-Media-Marketing für Reiseagenturen - Mehr Kunden gewinnen

aufzubauen. Der Einsatz von Virtual Reality und Augmented Reality wird ebenfalls weiter zunehmen und eine

interessante Möglichkeit für Reiseagenturen bieten, um ihre Kunden zu begeistern. E-Mail-Marketing wird auch in Zukunft ein wichtiger Bestandteil des Online-Marketings bleiben. Personalisierte E-Mails und automatisierte Kampagnen werden dabei eine immer wichtigere Rolle spielen.

Content-Marketing wird auch für Reiseagenturen weiterhin eine bedeutende Rolle spielen. Es geht darum, interessante und informative Inhalte zu erstellen, die einen Mehrwert für die Zielgruppe bieten. Der Einsatz von Influencer-Marketing wird hierbei ebenfalls weiter zunehmen.

Mobile-Marketing wird für Reiseagenturen immer wichtiger werden, da immer mehr Kunden ihre Reisen über ihr Smartphone buchen. Eine mobile Website und App sind daher unerlässlich, um die Kundenbindung zu stärken und die Nutzerfreundlichkeit zu erhöhen.

Insgesamt wird Social-Media-Marketing für Reiseagenturen auch in Zukunft ein wichtiger Kanal sein, um neue Kunden zu gewinnen und die Beziehung zu bestehenden Kunden zu stärken. Reiseagenturen sollten sich auf die genannten Entwicklungen einstellen und ihre Marketing-Strategie entsprechend anpassen, um erfolgreich zu sein.

Sebastian Römischer

WIR SIND ALLE DURCH DIE LIEBE ZUM ERFOLG VERBUNDEN!

Sebastian Römischer

Wenn Sie weitere Informationen oder Unterstützung im Bereich Marketing benötigen, kontaktieren Sie mich bitte über LinkedIn

Anhang

Glossar

In diesem Abschnitt werden einige der wichtigsten Begriffe und Abkürzungen erläutert, die im Kontext des Social-Media-Marketings für Reiseagenturen verwendet werden.

1. Digital Marketing

Die Verwendung digitaler Kanäle wie Websites, E-Mails, Suchmaschinen und sozialen Medien zur Förderung von Produkten und Dienstleistungen.

2. Suchmaschinenoptimierung (SEO)

Eine Strategie zur Verbesserung der Sichtbarkeit von Websites in Suchmaschinenergebnissen.

3. Social-Media-Marketing

Die Verwendung sozialer Medienplattformen wie Facebook, Twitter, Instagram und LinkedIn zur Vermarktung von Produkten und Dienstleistungen.

4. E-Mail-Marketing

Eine Art von Direktmarketing, bei der E-Mails zur Förderung von Produkten und Dienstleistungen an potenzielle Kunden gesendet werden.

5. Content-Marketing

Eine Marketing-Strategie, bei der nützlicher, relevanter und ansprechender Inhalt erstellt wird, um Kunden anzuziehen und zu binden.

6. Affiliate-Marketing

Eine Marketingmethode, bei der Unternehmen Partner einbeziehen, die Werbung für ihre Produkte und Dienstleistungen machen und eine Provision für jeden erzielten Verkauf erhalten.

7. Online-PR

Eine Methode zur Förderung von Marken und Produkten durch Online-Veröffentlichungen.

8. Conversion-Optimierung

Eine Strategie zur Verbesserung der Konversionsrate einer Website, indem die Besucher in Kunden umgewandelt werden.

9. Mobile-Marketing

Eine Art von Marketing, bei der mobile Geräte wie Smartphones und Tablets zum Einsatz kommen.

10. Video-Marketing

Eine Marketing-Strategie, bei der Videos zur Förderung von Produkten und Dienstleistungen verwendet werden.

11. Webanalyse

Ein Prozess zur Überwachung, Messung und Analyse von Website-Daten, um die Leistung und Effektivität von Marketingkampagnen zu beurteilen.

Diese Begriffe und Abkürzungen sind wesentlich für die erfolgreiche Umsetzung von Social-Media-Marketing für Reiseagenturen. Durch die Kenntnis dieser Begriffe und deren Bedeutung können Unternehmen effektivere Marketing-Strategien entwickeln und umsetzen, um mehr Kunden zu gewinnen und ihr Geschäft auszubauen.

Quellenverzeichnis

In diesem Kapitel finden Sie eine Zusammenstellung von Quellen, die wir für die Erstellung dieses Buches genutzt haben. Es handelt sich dabei um eine Auswahl an Fachbüchern, Studien, Online-Ressourcen und Expertenmeinungen, die sowohl für die Konzeption als auch für die Umsetzung von Social-Media-Marketing-Kampagnen relevant sind.

Online-Ressourcen

- Social-Media Examiner (www.socialmediaexaminer.com)

- Hubspot (www.hubspot.de)

- Search Engine Journal (www.searchenginejournal.com)

- Online Marketing Rockstars (www.onlinemarketingrockstars.de)

- Neil Patel (www.neilpatel.com)

Studien

- **"Social-Media-Nutzung in Deutschland 2020"** von Hootsuite und We Are Social

- **"Digitalisierungsindex Mittelstand 2020-2021"** von Deloitte und Bitkom

- **"E-Mail-Marketing-Benchmarks 2020"** von Mailchimp

- **"Mobile Nutzung in Deutschland 2020"** von Statista

Expertenmeinungen

- Convince & Convert von Jay Baer (www.convinceandconvert.com)

- Buffer von Joel Gascoigne (www.buffer.com) Moz von Rand Fishkin (www.moz.com)

- Hubspot von Brian Halligan und Dharmesh Shah (www.hubspot.de)

Fachbücher

- "Social-Media-Marketing: An Hour a Day" von Dave Evans

- "The Art of Social-Media: Power Tips for Power Users" von Guy Kawasaki und Peg Fitzpatrick

- "Online-Marketing für die erfolgreiche Arztpraxis" von Hajo Rauschhofer

- "Content Marketing: So finden die besten Kunden zu Ihnen" von Mirko Lange

- "E-Mail-Marketing: Das umfassende Praxis-Handbuch" von Torsten Schwarz

Diese Quellen sind nur eine kleine Auswahl an Möglichkeiten, um sich über Social-Media-Marketing und dessen Umsetzung zu informieren. Wir empfehlen, regelmäßig Fachliteratur zu lesen, an Webinaren teilzunehmen und sich von Experten beraten zu lassen, um stets auf dem neuesten Stand zu bleiben und erfolgreiches Social-Media-Marketing zu betreiben.

Hier sind noch zwei weitere Bücher von mir und das vierte "Digitales Marketing für Immobilienunternehmen" folgt in Kürze:

Sebastian Römischer

Römischer:
Mentaltraining & Coaching

Römischer
Mentaltraining & Coaching

Wenn Du Dich fragst, - wie Du mehr Motivation und Ausdauer in Deinem Leben finden und integrieren kannst - wie Du mit wenig oder sogar ohne Budget nützliche und sofort umsetzbare Tipps und Ratschläge bekommst - wie Du Deine knappe Zeit besser einteilen kannst - wie Du ein einfacheres und besseres Leben führen kannst - wie Du einen neuen Weg finden und gestalten kannst dann bist Du bei mir genau richtig.

Mein Motto: "Denke und handle immer so, wie Du selbst bereit bist, zu empfangen!"

Mein Credo: "Wenn Du immer nur das tust, was Du bisher getan hast, wird alles so bleiben wie bisher, aber wenn Du etwas anderes willst als bisher, dann wach auf und tue etwas Neues!"

Mit Willenskraft und etwas Ausdauer zu mehr Lebensqualität: Ich zeige Dir, wie Du aus eigener Kraft und mit meiner Unterstützung Dein Leben wieder in den Griff bekommst und langfristig meisterst.

Sebastian Römischer

Werde, der Du sein willst!: So erreichst Du es GARANTIERT!

Wir tun so viele Dinge im Leben, die uns eigentlich mehr schaden als nützen, die uns massiv gegen den Strich gehen und wir fühlen uns dabei auch noch unwohl. Aber warum tun wir das?

Warum besuchen wir Verwandte, die wir gar nicht mögen? Warum holen wir alte, verstaubte Sachen aus dem Keller, wenn Onkel Fritz mal wieder zu Besuch kommt und wir sein Hochzeitsgeschenk einlösen wollen oder müssen?

Warum gehen wir weiter unserer Arbeit nach, die uns ohnehin nur Bauchschmerzen bereitet? Warum essen und trinken wir Dinge, die uns nicht schmecken? Warum vergeuden wir unsere kostbare Zeit in belanglosen Social-Media-Portalen, die uns nichts bringen? Warum hören wir uns immer wieder langweilige Geschichten von langweiligen Menschen an? Warum?

Unser Leben könnte so viel besser und qualitativ hochwertiger sein, wenn wir endlich aufräumen würden. Denken wir nur daran, wie viel Lebenszeit wir sparen und für andere nützliche und schöne Dinge verwenden könnten. Was hält uns davon ab? Wir

Sebastian Römischer

leben in Zwängen und vermeintlichen gesellschaftlichen Verpflichtungen. Warum sagen wir nicht ehrlich: „Nein, das will ich nicht mehr. Ich mag den Gegenstand überhaupt nicht und ich will nicht mehr mit Menschen zu tun haben, die mir sowieso nur auf die Nerven gehen!" Wir haben nicht den Mut, die Wahrheit zu sagen und sie unseren Mitmenschen ins Gesicht zu sagen. Wir sind auf Harmonie aus - und schaden uns damit nur selbst. Auf der einen Seite haben wir die Faust in der Tasche, auf der anderen Seite fressen wir den Ärger in uns hinein.

Stattdessen könnte es uns gut tun, aufzuräumen. Wir gewinnen Zeit für die schönen Dinge im Leben, die wir stattdessen tun könnten. Nimm Dir endlich Zeit für das, was Dir wirklich Spaß macht: vielleicht ein Buch lesen, einen Spaziergang machen oder mal wieder einen spannenden Film anschauen. Damit tust Du viel für Dein eigenes Wohlbefinden und quälst Dich nicht länger mit Zwängen. Begreife endlich, dass es Dein Leben ist, das Du selbst und frei bestimmen kannst. Räume endlich auf, lass Ballast fallen und schaffe Dir neue Freiräume.

Wie das geht, verrate ich Dir in diesem eBook mit vielen nützlichen Ansätzen und Tipps. Auf jeden Fall hast Du den ersten wichtigen Schritt getan, endlich einmal darüber nachzudenken, was in Deinem Leben bisher schief gelaufen ist. Das ist ein guter Weg, den Du jetzt konsequent weitergehen solltest. Denn in Deinem Bauch rumort es schon lange. Dieses ungute Gefühl kannst Du loslassen. Denn Du brauchst ein neues Selbst- und

Zeitmanagement in Deinem Leben. Deine Lebensschubladen sind überfüllt und müssen endlich aufgeräumt und neu sortiert werden. Du wirst schnell merken, dass Deine Lebensqualität dadurch steigt.

Zum Aufräumen ist es nie zu spät, aber fang endlich damit an. Oder willst Du Dich weiter durchs Leben quälen? Du wirst an allen Ecken und Enden merken, dass es hinten und vorne nicht in Deine Zeit passt. Natürlich gehört auch eine Portion Disziplin dazu. Du musst Dich trennen können - von schlechten Gewohnheiten, von sinnlosen Tätigkeiten, von unliebsamen Menschen, manchmal sogar von Deinem Partner. Das erfordert mutige Entscheidungen, die sich am Ende aber wirklich lohnen. Glaub mir, ein aufgeräumtes Leben ist wie eine Neugeburt. Du fängst sozusagen noch einmal ganz von vorne an. Ist das nicht eine verlockende Aussicht? Also pack an und werde zu dem, der du sein willst!